Antunes Varela

O POLÍTICO E O CIDADÃO, DO ESTADO NOVO AO PORTUGAL DE HOJE

TEXTOS POLÍTICOS

Antunes Varela

O POLÍTICO E O CIDADÃO, DO ESTADO NOVO AO PORTUGAL DE HOJE
TEXTOS POLÍTICOS

2019

Com um comentário de
Freitas do Amaral

ALMEDINA

ANTUNES VARELA
O POLÍTICO E O CIDADÃO, DO ESTADO NOVO
AO PORTUGAL DE HOJE
TEXTOS POLÍTICOS

AUTORES
Antunes Varela
Freitas do Amaral

EDITOR
EDIÇÕES ALMEDINA, S.A.
Rua Fernandes Tomás, n.os 76-80
3000-167 Coimbra
Tel.: 239 851 904 · Fax: 239 851 901
www.almedina.net · editora@almedina.net

DESIGN DE CAPA
FBA.

PRÉ-IMPRESSÃO
EDIÇÕES ALMEDINA, S.A.

IMPRESSÃO E ACABAMENTO
PAPELMUNDE

Dezembro, 2019
DEPÓSITO LEGAL
464681/19

ALMEDINA | GRUPOALMEDINA

BIBLIOTECA NACIONAL DE PORTUGAL – CATALOGAÇÃO NA PUBLICAÇÃO

ANTUNES VARELA

Antunes Varela: o político e o cidadão, do
Estado Novo ao Portugal de hoje: textos
políticos / Antunes Varela / Freitas do Amaral
ISBN 978-972-40-8255-4

VARELA, João de Matos Antunes, 1919-2005, e
AMARAL, Diogo Freitas do, 1941-2019

CDU 32

NOTA DE ABERTURA

1. O lugar de ANTUNES VARELA (1919-2005) na História do país reflecte a sua actuação como governante e como cidadão, destacando-se, no seu estatuto de cidadão, o pensador sócio-político, o cientista do Direito e o mestre de Coimbra que ensinou e ensina gerações de juristas, dentro e fora de Portugal.

Esta *nota* percorre cada um desses *estatutos*, na sua vertente política, destacando *traços* da vida e obra de ANTUNES VARELA que se afiguram como interpelantes, no Portugal democrático de hoje.

2. (ANTUNES VARELA como político)

Como político, ANTUNES VARELA é o governante que, nos seus 13 anos como Ministro da Justiça (1954-1967), tem a seu cargo, designadamente, a feitura do Código de Processo Civil, do Código do Registo Predial, do Código do Notariado, do Código do Registo Civil e do Código Civil.

Cabe destacar, quanto ao Código Civil: ANTUNES VARELA dedicou-se incansavelmente à feitura do Código. Como dito nas suas inéditas, manuscritas e incompletas, pois interrompidas pela doença, *memórias*, ao longo dos anos de ministro, não houve um dia sem que pensasse no Código. Na tarefa, contou com a colaboração de outros insignes mestres, em que pontificaram MANUEL DE ANDRADE, VAZ SERRA, PIRES DE LIMA, GALVÃO TELES e PAULO MERÊA; recebeu projectos, pensou-os, fez as opções normativas definitivas, e interveio na correspondente redacção, num discurso tão técnico, quanto sintético e elegante. Daí resultando um Código merecedor do bom acolhimento que teve, e que, não obstante muito significativas alterações em capítulos dos Livros dedicados ao Direito da família e ao Direito das sucessões (após a Constituição de 1976), se mantém, meio século depois.

No desempenho destas funções governamentais, cabe destacar a prioridade que é dada, por ANTUNES VARELA, às posições dominantes no seio da sociedade (quando existentes e por si conhecidas), sobre as matérias a regular – sejam convergentes, sejam divergentes quanto às suas posições pessoais. ANTUNES VARELA é, assim, o legislador capaz de renunciar ao poder de consagrar, na lei, as posições por si consideradas preferíveis, quando outras são por si constatadas no seio da comunidade (por exemplo, entre os que sobre a matéria em causa se tenham pronunciado). Por outras palavras, é o legislador que exerce a função política com a humildade de *porta-voz da sociedade*, e não com o dogmatismo do governante que impõe posições pessoais.

Exemplifica-se o que se acaba de dizer com a regulação legal da fundante e transversal matéria que é o *método de interpretação da lei*, no Código Civil de 1966. Defensor, enquanto *pensador da metodologia jurídica*, do método de interpretação da lei orientado, dominantemente, ao apuramento do *pensamento, da vontade, do legislador* (o chamado método subjectivista), ANTUNES VARELA, agora nas institucionais vestes de ministro, prescinde de consagrar, na lei, esse método por si considerado o método defensável. Decide-se, sim, perante divergências entre os especialistas, por *solução aberta*, mediante a fórmula *pensamento legislativo* (tanto acolhedora do método subjectivista, quanto do método que se lhe opõe – o método objectivista, em que o trabalho do intérprete está conotado com o designado *pensamento, vontade da lei*). *Cf.* o seguinte trecho do discurso de apresentação do Código Civil à Assembleia Nacional, no dia 26 de Novembro de 1966, dia seguinte ao da publicação do Código no jornal oficial:

> *"Estes são os rasgos essenciais da posição doutrinária que julgamos mais defensável: considerando a vontade real do legislador como escopo fundamental da actividade interpretativa, ela faz ao longo da penosa caminhada imposta ao intérprete um largo apelo a subsídios de natureza puramente objectiva.*
>
> *Porém, o código, na esteira do caminho aberto pelo projeto, foi bastante mais prudente e comedido, como convinha a um diploma desta natureza. Colocando-se deliberadamente acima da velha querela entre subjectivistas e objectivistas, a nova lei limitou-se a recolher uns tantos princípios que considerou aquisições definitivas da ciência jurídica, sem curar grandemente da sua origem doutrinária. Em tudo o mais, no dizer do Doutor Andrade,*

houve o propósito de deixar o 'campo livre para a actividade da doutrina, em problema de tanta complexidade e transcendência que perigoso seria tentar solucioná-lo de uma vez para sempre'.

Assim, muito de caso pensado, nos n.os 1 e 2 do artigo 9.º, evitou-se falar na vontade do legislador ou na vontade da lei, para discretamente se referir apenas 'o pensamento legislativo'.".

3. (*Cont.*)

Ainda como político, mas não como legislador, salienta-se, nestas poucas linhas, a criação de condições logísticas para os vários *actores* intervenientes no jurídico. Basta lembrar a construção dos múltiplos tribunais, das residências para juízes, bem como a atenção, ditada pelo humanismo de inspiração cristã (*cf.* evidenciado no estudo de FREITAS DO AMARAL, aqui junto), dada às condições logísticas das cadeias e à reabilitação social dos presos. O que é atestado e elogiado (por exemplo, quanto ao Hospital Prisional de Caxias) pelo relatório independente, de 1963, do insuspeito Lord Russell of Liverpool (adversário da *ditadura de direita* que foi o nazismo), sobre prisões e presos em Portugal (quer as prisões subordinadas ao Ministro da Justiça, quer as destinadas a presos políticos e subordinadas ao Ministro do Interior, tendo sido estas as privilegiadas nesse relatório). *Relatório* adiante reproduzido, seja por aludir a estas matérias privilegiadas na acção governativa do Ministro ANTUNES VARELA, seja por tratar de matéria incontornável para o conhecimento e a avaliação do Estado Novo e, assim, de quantos o serviram (como seja ANTUNES VARELA).

4. (ANTUNES VARELA como pensador da filosofia social e política)

Deixadas as linhas sobre o *ANTUNES VARELA político*, passa-se ao *ANTUNES VARELA cidadão*, começando pelo pensador da filosofia social e política.

Aqui, ANTUNES VARELA é o humanista cristão que pensa o homem e a sociedade a partir da *realidade*, a partir dos *homens reais*, a partir das condicionantes e capacidades, das forças e fraquezas, dos vícios e virtudes dos homens (por contraposição a um homem gizado a partir de, nomeadamente, modelos idealistas ou *panglossianos*); aqui, ANTUNES

VARELA é o crítico do individualismo e dos seus corolários políticos (por exemplo, a democracia liberal), económicos (por exemplo, a economia puramente capitalista), sociais (por exemplo, a família igualitária e, assim, facilmente dissolúvel por divórcio), considerando que a existência de firmes e significativos limites às liberdades do indivíduo é necessária à salvaguarda e potenciação da dimensão *comunitária*; considerando que esta é, por sua vez, necessária ao *bem comum*; e, finalmente, considerando que este é, por sua vez, necessário à satisfação de múltiplas e basilares necessidades de cada indivíduo.

Assinala-se, a propósito, que a vida de ANTUNES VARELA é, ela mesma, coerente ilustração dos acima referidos *limites à liberdade do indivíduo*: seja nas vestes de governante, em que o seu poder e as suas posições são auto-limitadas em função das posições na comunidade (como acima dito e exemplificado com o *método de interpretação da lei*), seja como o cidadão que, humildemente, se silencia para dar lugar à obediência à lei (como ilustrado ao longo das páginas seguintes nesta nota de abertura).

Sobre essas críticas e sobre as concepções sócio-políticas que lhes subjazem, cabe, ainda, destacar que são elas apresentadas publicamente, com coragem, afrontando, seja antes, seja depois de Abril de 1974, alguns dos alicerces em que, respectivamente, assentava o Estado Novo e assenta o Portugal democrático. *V.*, a propósito, o comentário de FREITAS DO AMARAL, bem como os discursos de ANTUNES VARELA aí glosados (e adiante incluídos), e o discurso de 1983, em Lisboa, na Igreja de São Roque (também adiante integralmente reproduzido), em que, aliás, além de apreciações críticas de natureza política, não se coíbe, *inclusive*, de criticar a Universidade Católica Portuguesa, onde leccionava. *Tudo* com a coragem de um *estilo duro* – e, assim, efectivamente interpelante –, em que, com frontalidade e clareza, apresenta as suas concepções, e critica as que se lhe opõem. *Tudo* resultando, enfim, *avant la lettre*, no pensador *politicamente incorrecto*. Com uma particularidade: a de essa sua *dureza de discurso* estar reservada a dirigentes, a homens do poder, aos seus pares da Academia, enfim, àqueles a quem, por especiais responsabilidades assumidas, muito há a exigir; sendo, pelo contrário, acessível, paciente, amável com os *pequenos deste mundo*. Em suma, ANTUNES VARELA, como noutra ocasião foi dito, era *duro com os grandes, e humilde com os simples.*

A terminar estas linhas sobre ANTUNES VARELA como pensador sócio-político, assinala-se que também aqui se encontra a *humildade* que, como acima referido, o norteia como político. Ali, silencia convicções próprias, na hora de fazer a lei; aqui, silencia-as na hora da obediência à comunidade e suas regras, ainda que estas contrariem o que, como pensador sócio-político, considera correcto. Atitude tão mais digna de referência quanto mais fortes as convicções, e quanto mais destemida e pública a defesa dessas suas concepções. Ou seja, à *valentia* com que defende as suas posições para que a comunidade as faça suas, alia a *humildade* com que obedece a leis de uma comunidade que as recusa.

Cf., no discurso de 1983, o seguinte trecho, acerca da integração de lacunas da lei (aqui reproduzido sem os sublinhados do original):

> *"[...] afasta-se deliberadamente a sedução dos quadros da sua [do jurista, em especial, do juiz] formação ideológica pessoal ou das próprias concepções sociais reinantes no seio da colectividade, prescrevendo que a norma virtualmente criada para a disciplina do caso omisso se deixe imbuir do espírito do sistema constituído.*
>
> *Como quem diz, apenas para ilustrar a exposição com um exemplo adequado, que o preenchimento da lacuna detectada em matéria de divórcio ou de separação se há-de processar em obediência à concepção inter-individual do matrimónio, que infelizmente se encontra nas raízes ideológicas da reforma do Código Civil de 1977, e não à luz do mais são pensamento institucional do casamento, que durante muitos séculos inspirou o nosso direito da família."*

Aqui, Antunes Varela constata, na Constituição de 1976 e na reforma, de 1977, do Código Civil, a consagração de um modelo individualista de família, antípode do modelo de família por si defendido (modelo este, aliás, no cerne das suas concepções sobre o homem e o mundo). E, não obstante, enfatiza, nesse mesmo trecho, a vinculação a este novo quadro legal da família. A propósito, impõe-se acrescentar: esse regime, oposto ao por si defendido, não é um *regime apoucado*, mercê, por exemplo, de metodologias de interpretação da lei grosseiramente literalistas e descontextualizadoras (à maneira de quem, perante regime com que não concorda, se empenha no seu *apoucamento*, para mais facilmente o censurar). Pelo contrário: nesse trecho, Antunes Varela refere o regime da Reforma de 1977 devidamente contextualizado, iluminado pelos correspondentes princípios constitucionais norteadores (de que Antunes Varela também vigorosamente discorda). Ou seja: perante as fontes, cabe ao jurista ANTUNES VARELA potenciar as suas virtualidades, à luz de *todo o sistema*, chegando ao regime menos imperfeito que as fontes e a capacidade do intérprete permitam (bem ilustrando, assim, o hoje sublinhado *princípio hermenêutico da caridade*).

Outro exemplo elucidativo desse *silenciamento* – mais uma vez, em matérias fundantes, estando, agora, em causa a caracterização de todo o sistema jurídico português como positivista legalista (o que ANTUNES VARELA considera censurável) – está presente nesse mesmo discurso de 1983 (aqui sem os sublinhados do original):

> *"Não conhecendo a soberania do Estado outro limite que não seja o da Constituição, nenhuma garantia cobre efectivamente a pessoa humana contra a lei injusta imposta pela vontade dos constituintes.*
>
> *As consequências a que pode conduzir este crasso positivismo legalista, solto do pensamento axiológico em que verdadeiramente radicam os direitos fundamentais do homem, são bem fáceis de imaginar, no que concretamente se refere à despenalização do aborto ou à restauração da pena de morte."*

E, recordados dois trechos em que é o próprio ANTUNES VARELA a dar o exemplo de secundarização, perante a lei, das suas convicções (sem hesitar, repete-se, na crítica, nesse outro plano que é o *de iure condendo*), passa-se a trecho – agora, do *discurso de Portalegre* (adiante integralmente reproduzido) – em que essa mesma atitude de *apagamento do indivíduo* é considerada, por ANTUNES VARELA, como a que caracteriza a função do juiz:

> *"O magistrado tem de sacrificar, na aplicação do Direito, aos princípios incarnados no ordenamento constituído tanto o seu sentimento de equidade como as suas concepções pessoais de ordem geral relativas à disciplina de cada instituto.*
>
> *A violação desse dever fundamental de subordinação à lei constitui um factor dissolvente da certeza e da segurança necessárias a toda a vida social, representa uma subversão da divisão constitucional dos poderes do Estado [...]".*

5. (ANTUNES VARELA como cientista do Direito)

Ainda no âmbito da cidadania em ANTUNES VARELA, atenta-se, agora, à vertente do cientista, ao *ANTUNES VARELA cientista do Direito*.

Aqui, nestas páginas, em que se privilegia a vida e obra de ANTUNES VARELA enquanto político e cidadão, não cabe a nota biográfica correspondente ao Doutor em Direito e cientista de ímpar autoridade e incontornável produção científica sobre vários ramos do Direito. Cabe, sim, nestas linhas, evidenciar o que, no cientista do Direito, reflecte o homem da *polis*. Ora, nesta perspectiva, sublinha-se o testemunho de ANTUNES VARELA de submissão a directrizes metodológicas que tornam *científico* o conhecimento das fontes do Direito, *maxime* da lei, sendo, tais directrizes, no caso do Direito português, *grosso modo*, as dos artigos 8.º a 11.º do Código Civil (detalhadamente expostas por ANTUNES VARELA, aquando da já referida apresentação do Código Civil, no Parlamento). Ou seja, cabe, perante a lei, aos cidadãos, em especial aos juristas e, entre estes, aos juízes, além de silenciar convicções próprias, *dar voz* às directrizes metodológicas de que depende a cientificidade do conhecimento do Direito vigente.

Cf. o trecho que se recorda (pág. 145, das *Noções fundamentais de Direito civil*, vol. 1, 6.ª ed., reimpressão, Coimbra, 1973, de PIRES DE LIMA e de ANTUNES VARELA):

> *"Interpretar uma lei consiste, portanto, em fixar o sentido e o alcance com que ela deve valer.*
>
> *Trata-se, sem dúvida, duma das tarefas mais importantes que cabem ao jurista. E trata-se, ao mesmo tempo, das mais difíceis de levar a cabo. O texto legal, como quase toda a forma de expressão humana, comporta muitas vezes múltiplos sentidos; é obscuro, ambíguo, equívoco. [...] Por forma que se torna necessário para garantir um mínimo razoável de uniformidade de soluções, fixar umas tantas directivas para a actividade interpretativa do jurista. Ao conjunto de directrizes, de critérios, ou de princípios gerais que devem orientar a actividade do intérprete, para se não cair num casuísmo ou num arbítrio incompatíveis com as necessidades da vida social, dá-se vulgarmente o nome de* método da interpretação, técnica de interpretação *ou* hermenêutica".
>
> [Escritas antes do Código Civil de 1966, as *Noções*... referem "directrizes" que viriam a ser, *grosso modo*, as vertidas nos artigos 8.º a 11.º do Código]

Assinala-se que, mais uma vez, sobressai a *humildade*: agora, na específica submissão a *critérios metodológicos da cientificidade* (nomeadamente, os legalmente consagrados).

6. (Antunes Varela como Professor)

Seguem algumas linhas sobre a terceira vertente de Antunes Varela como cidadão, que é a do *mestre do Direito*, perscrutando os termos em que, nesta sua outra função, se reflecte o homem da *polis*.

Também aqui, a acção é, toda ela, norteada pelo *serviço à comunidade* que marca a vida e obra de Antunes Varela. Atente-se no seguinte trecho do seu "Algumas soluções do Código do Registo Civil", *Revista de Legislação e de Jurisprudência*, ano 98.º, 1 de Outubro de 1965:

> *"Eu sempre entendi, por várias razões cujo desenvolvimento se não coaduna com a índole da* Revista, *que nas prelecções feitas perante o público receptivo e impreparado dos alunos o professor deve concentrar especialmente a sua atenção sobre os problemas de interpretação da lei e de integração das lacunas do sistema, e sobre as tarefas de elaboração científica dos materiais fornecidos pela legislação, abstendo-se quanto possível de intervir em questões de outra ordem, incluindo as que entram abertamente no domínio da política legislativa. Estas interessam de modo particular aos políticos, à administração, às assembleias legislativas ou às comissões revisoras, nas quais os professores têm sempre um papel destacado a desempenhar – mas fora do público escolar, longe do ambiente específico da actividade docente."*

Mais uma vez, Antunes Varela *desdobra-se*, e silencia o pensador sócio--político, para servir a comunidade. Agora, na função de transmitir aos alunos – futuros juízes, advogados, notários, conservadores – o Direito que deverão aplicar na sua vida profissional, o Direito vigente, o Direito radicado na comunidade portuguesa. E não *aquilo* que o *Antunes Varela-crítico* teria, sobre cada instituto jurídico, a dizer. Naturalmente, sem prejuízo de cada estudante, nas vestes de pensador crítico, seguir o exemplo do próprio Antunes Varela: depois de, com o aturado trabalho e o rigor da ciência, conhecer o Direito vigente, sobre ele formular juízos de aplauso ou de censura.

7. (O comentário de Freitas do Amaral e a actualidade do pensamento de Antunes Varela)

Last, but not least, cabe assinalar o privilégio de, nestas páginas, se reunir Antunes Varela (com textos de carácter político) e Freitas do Amaral (com um comentário àqueles textos): mestres marcantes de gerações de juristas; académicos incontornáveis, ora de Coimbra, ora de Lisboa; cientistas do Direito, ora privilegiando o Direito Privado, ora privilegiando o Direito público; operadores do Direito, ora como jurisconsulto e advogado, ora como jurisconsulto; cultores de saberes que não o Direito, ora no pensamento sócio-político, ora na História, no pensamento político e na literatura; pensadores da filosofia social e política, ora conciliando o humanismo cristão com o regime autoritário, ora conciliando o humanismo cristão com o regime democrático; intervenientes em organizações internacionais, ora como delegado de Portugal à Organização Internacional do Trabalho, ora no destacado mandato de Presidente da Assembleia Geral da Organização das Nações Unidas; e políticos ao serviço do país, ora como Ministro da Justiça no Estado Novo, procurador à Câmara Corporativa, membro do Conselho de Estado, e ponderado, pelo Presidente da República à época, para ser Presidente do Conselho de Ministros, ora como um dos quatro fundadores da democracia portuguesa de Abril de 1974, deputado, membro do Conselho de Estado, Ministro da Defesa, Ministro dos Negócios Estrangeiros, Vice-Primeiro-Ministro, e escolhido por 48,8% dos portugueses para ser Presidente da República.

O estudo de FREITAS DO AMARAL, de 2019, evidencia a actualidade do pensamento de ANTUNES VARELA para o Portugal de hoje. Por exemplo, enquanto contraponto dos sinais de "neoliberalismo ultraconservador que exclui os mais fracos".

8. A terminar esta *nota de abertura*, e em jeito de resumo:

a) Esta publicação é uma colectânea de pequenos ensaios sócio-políticos de ANTUNES VARELA, sob a forma de discursos (um deles, proferido já no Portugal democrático, em jeito de *balanço da Revolução de 1974*; os restantes, pequena parte das intervenções públicas tidas durante o Estado Novo); juntando-se, ainda, um ensaio, em forma de comentário, de FREITAS DO AMARAL. Textos que ilustram, juntamente com os textos citados nestas páginas de abertura, a vida e obra de ANTUNES VARELA, como governante, pensador político, jurista e mestre.

b) Como *ponto de partida* da obra de ANTUNES VARELA, como pensador e actor político, tem-se um *humanismo realista e não-individualista.*

Como *ponto de chegada pretendido*, com a obra política, encontramos o *bem comum*, como condição de satisfação de muitos e básicos bens individuais.

c) Como *caminho* entre esse *ponto de partida* e esse *ponto de chegada*, ou seja, como *método* seguido nas suas investigações e na sua acção políticas, tem-se, em ANTUNES VARELA, quer no Estado Novo, quer no Portugal democrático, o trabalho (muito, disciplinado e quotidiano), a aturada reflexão sobre fundantes temas sócio-políticos – na coerência entre pensamento e vida –, a abertura e o rigor do cientista, a coragem do *politicamente incorrecto*, quer nas críticas feitas a leis e modelos sócio-políticos, quer nas propostas alternativas que apresenta, e, finalmente, a humildade de obedecer, e de ensinar a obedecer, às leis (pela sua ímpar capacidade de se *desdobrar* entre a corajosa crítica e a humilde obediência).

d) A presente publicação (a pretexto do centenário do nascimento de ANTUNES VARELA, também, aliás, assinalado no Brasil, com uma digna comemoração académica) recorda uma vida de irreverência, de cientificidade, de humildade no apagamento do *eu* perante o colectivo. Vida inspiradora para os que pensam a *coisa pública*, para os que cultivam a ciência do Direito; convite a que estudantes, juristas, académicos, governantes, independentemente de filiações político-partidárias, independentemente de afinidades político-ideológicas com a obra de ANTUNES VARELA, investiguem, reflictam e dialoguem sobre temas aqui aflorados; convite a procurar e estudar quer *lições, quer fontes primárias de cada objecto de estudo* (seja nos milenares clássicos da filosofia social e política, seja em documentação inédita e nunca investigada, presente em arquivos públicos, como é o caso, em Portugal, da Torre do Tombo). Fazendo-o com abertura científica, com a coragem do *politicamente incorrecto*, com paixão pelo trabalho mas desapego quanto às *hipóteses de trabalho*, com a disponibilidade para encontrar o que nem se procura, para pôr em causa certezas, para concluir pelo que não agrada (ao próprio, à comunidade científica de que se faz parte, ou à generalidade dos indivíduos), com a disponibilidade para encontrar, em cada *objecto de estudo* – em cada tema, em cada obra, em cada período da História de uma comunidade –, o que haja de valioso e aproveitável para a vida dos portugueses de hoje.

Exemplifica-se o acima referido convite à investigação, com os seguintes temas:

(i) modelos sócio-políticos em abstracto;
(ii) concepções sócio-políticas de Antunes Varela (do seu peculiar humanismo a temas mais circunscritos, como seja o de uma reforma agrária, presente num dos discursos reproduzidos);
(iii) o Portugal do Estado Novo – já terminado há cerca de meio século – tendo presente dados interpelantes como os seguintes: os que constam do *Relatório Russell*; os referentes à evolução da mortalidade infantil (como índice aferidor do nível civilizacional de uma comunidade), entre o início e o fim do Estado Novo (referidos no comentário de Freitas do Amaral); os que apontam para o Estado Novo como meritocracia, ilustrada com o percurso de vida de Antunes Varela (que, filho de uma muito humilde família do Ervedal, aldeia perdida no Alto Alentejo, chega a Ministro da Justiça, por 13 anos); os referentes à evolução do direito de voto da mulher (expressamente negado na Primeira República, e admitido no Estado Novo, tendo sido, sucessivamente alargado durante este período); ou, acrescente-se, também como *dado interpelante*, o facto de ter sido, o Estado Novo, servido por ministros como Antunes Varela, ou como Manuel Rodrigues, Vaz Serra, Pires de Lima, Cavaleiro de Ferreira, Marcelo Caetano, Paulo Cunha, Galvão Teles, Silva Cunha, Almeida Costa, José Hermano Saraiva – homens do Direito, cientistas, mestres cujas obras e cujas vidas dificilmente se coadunariam com regimes de odiosas práticas ditatoriais (tal como acontece, aliás, com tantos outros que, não tendo sido ministros, nem tendo sido homens do Direito, igualmente, em lugares de destaque, serviram o Estado Novo).
É este um tema que, por concitar paixões, bem ilustra a dificuldade de investigar sem apriorísticas diabolizações e sem apriorísticos saudosismos. Tema cujo tratamento desapaixonado pode evidenciar, no Portugal do Estado Novo e para proveito do Portugal de hoje, *sombras* a evitar e *luzes* a recuperar.

Alguns destes possíveis objectos de estudo são, de resto, *temas de sempre*, afigurando-se, muitos deles, hoje, de pertinência reforçada. Sirva de mero exemplo a Lição de ANTUNES VARELA acerca da *lei e da obediência à lei* – tema tão mais pertinente quanto mais pluralista e individualista for uma sociedade, pois, aí, mais perigos espreitam o cumprimento das leis, a coesão comunitária e o *bem comum* de que tantos bens individuais dependem.

A Comissão Organizadora,
integrando, nomeadamente, a Família de Antunes Varela representada por João Varela, e os investigadores do espólio Antunes Varela representados por João Pedro Charters Marchante

O PENSAMENTO SOCIAL CRISTÃO DO MINISTRO DA JUSTIÇA

JOÃO DE MATOS ANTUNES VARELA

Por DIOGO FREITAS DO AMARAL
Professor Catedrático emérito da Faculdade de Direito da Universidade Nova de Lisboa

I

1. O Doutor João de Matos Antunes Varela – um dos mais brilhantes professores de Direito e dos mais bem sucedidos Ministros da Justiça que Portugal conheceu na sua história – nasceu em 15 de Dezembro de 1919, na freguesia de Ervedal, concelho de Avis, distrito de Portalegre. Licenciado em Direito pela Universidade de Coimbra em 1943, com 23 anos de idade, aí fez o curso de pós-graduação, hoje mestrado, em 1944, e lá se doutorou com 18 valores, em 1950, aos 29 anos de idade. Regeu algumas disciplinas de direito civil, mas apenas por quatro anos lectivos, pois em 1954 assumiu o cargo de Ministro da Justiça, onde bateu o recorde de ter permanecido durante treze anos até 1967, altura em que saiu do Governo a seu pedido. Em 1955, tendo obtido do Presidente do Conselho a suspensão por um mês das suas funções ministeriais, foi a Coimbra prestar provas públicas nos concursos, cumulados, para professor extraordinário e catedrático do grupo de Ciências Jurídicas, tendo sido aprovado por unanimidade.

Retomou então a actividade no Ministério da Justiça, onde realizou uma obra notável, não apenas na valorização da formação e situação dos magistrados, do pessoal auxiliar de justiça, dos guardas prisionais e, em especial, da condição jurídica e formação dos jovens delinquentes confiados à guarda e reorientação dos então chamados «serviços tutelares de menores», bem como dos reclusos em geral (obra esta que terá tido reflexos *inclusive* nas prisões dependentes do Ministério do Interior, a avaliar pelos contactos de Lord Russell com Antunes Varela – *cf.* o *Relatório Russell* publicado neste volume[1]; obra notável, também, na elaboração e

[1] O texto do relatório citado foi-nos dado a conhecer pela família do Professor Antunes Varela.

execução de um vasto e pioneiro programa de construção de modernos e dignos «palácios da justiça»; tudo acompanhado por uma bem necessária acção de doutrinação política, quer no sector que tinha a seu cargo, o das políticas públicas de justiça, quer – e esta foi uma novidade importante, rara nos governos de Salazar – em vários outros sectores da governação do país, sempre à luz da doutrina social da Igreja, nomeadamente no tocante à situação económica e social degradada do povo rural e às más condições de vida dos mais desfavorecidos.

De acordo com o convite que nos foi feito, não vamos analisar neste artigo a vasta obra científica publicada por Antunes Varela como professor de Direito, nomeadamente em direito civil e em processo civil, nem a sua notável actuação como Ministro da Justiça ao longo de 13 anos – da qual se destaca, indiscutivelmente, o contributo pessoal, técnico e político, que deu à conclusão e publicação do Código Civil de 1966, ainda hoje em vigor (apesar de muito alterado, como era natural, depois do 25 de Abril de 1974, sobretudo em matéria de direito da família e das sucessões).

No presente trabalho, vamos concentrar-nos – como consta do título que lhe demos – na análise e comentário do «pensamento social cristão» do Ministro da Justiça Antunes Varela. Não só porque é justo fazê-lo, já que até agora ninguém o fez (que saibamos), mas também porque – abstraindo de certos discursos pontuais e de circunstância proferidos por alguns Ministros das Corporações (Trabalho) – pode dizer-se que, após a doutrinação de Salazar, desde 1928 até à aprovação da Constituição de 1933, praticamente nenhuma grande figura do Estado Novo abordou tão frontal e corajosamente como Antunes Varela os problemas sociais acima referidos, sobretudo na fase de estagnação e imobilismo conservador que aquele regime político conheceu na década de 60.

Faremos, primeiro, a análise dos traços essenciais do pensamento social cristão do Ministro Antunes Varela nos treze anos em que esteve no Governo (1954 a 1967) e, depois, tentaremos apreciar os aspectos fundamentais desse pensamento, à luz da doutrina social da Igreja da época, embora dentro das estreitas coordenadas do «corporativismo português» estabelecido por Oliveira Salazar, como chefe do Governo e líder do partido único, a União Nacional.

II

2. Foi na área da formação e situação dos magistrados e demais funcionalismo do Ministério da Justiça que o jovem Ministro, apenas com 33 anos de idade, começou a evidenciar as suas genuínas preocupações sociais. Fê-lo em 28-5-1955, na inauguração do Tribunal de Portalegre[2], por coincidência a sede do distrito que integra o concelho de Avis, em que nasceu. Falou sobre «o papel da magistratura judicial (...), cujas funções definem o momento capital da vida do Direito» e que equipara a um verdadeiro «sacerdócio», para o qual se exige, inevitavelmente, um estatuto profissional digno, uma formação académica integral e «uma *qualidade* fundamental: o sentimento jurídico». E também aludiu, de passagem, aos «progressos sensíveis (...) na instrução profissional das brigadas [dos serviços prisionais] e no programa de recuperação social dos reclusos, aos quais se procura criar ou conservar qualidades de trabalho, e incutir outrossim o espírito de economia em relação ao justo prémio do seu labor».

Em numerosos outros discursos, proferidos às vezes mais que uma vez por ano, Antunes Varela começou, como lhe competia, por salientar e defender as exigências e a necessidade de formação e valorização do pessoal afecto ao seu ministério ou das pessoas a ele sujeitas, como é o caso dos reclusos e dos jovens em processo de reinserção social. Não aprofundaremos esses aspectos, aliás de grande importância.

3. É a partir de 1960, pouco antes de começarem as três guerras coloniais de Portugal em África, e quando o Ministro Antunes Varela conta 40 anos de idade e 6 como governante, que as suas fortes convicções sociais marcam presença crescente nos discursos proferidos em cerimónias públicas de abertura de congressos, inauguração de tribunais ou de novas instalações de serviços do seu departamento.

O ponto de arranque ocorre em 30-4-1961, na inauguração do Tribunal Judicial de Rio Maior, distrito de Santarém[3]. Referindo-se (e foi um dos primeiros a fazê-lo) ao movimento de integração europeia, iniciado com o Tratado de Roma em 1958 – e que considera positivo, porque «a Europa parece pressentir o lugar que por direito próprio lhe competir(á) ao lado

[2] *Boletim do Ministério da Justiça*, doravante *BMJ*, n.º 51, Lisboa, Novembro de 1955, pp. 5-13.

[3] *BMJ*, n.º 106, Maio de 1961, pp. 5-13.

das duas grandes potências que hoje comandam os destinos do mundo» –, Antunes Varela reconhece que o primeiro dos desafios que desse movimento resultarão para Portugal é o de fazer face à «crescente liberalização do comércio com outros países, através da progressiva eliminação da protecção aduaneira». Porém, o Ministro, não sendo um tecnocrata, mas um cidadão com uma formação integral e visíveis preocupações sociais, chama a atenção para um segundo desafio, não menor que o primeiro:

> «Dentro do condicionalismo (...) criado à vida económica do país nos anos próximos, o que mais interessa à Nação não é tanto a obra, pública ou particular, como o investimento e o índice da sua reprodutividade; será menos a instalação do que a organização das empresas, quer públicas quer privadas.
>
> «E interessa ainda, atenta a importância primordial que justificadamente ocupa nos dias de hoje, *o problema da justa repartição da riqueza*[:] que, sem prejuízo (...) do papel fundamental do trabalho de quem dirige e orienta a actividade dos outros, *se melhore quanto possível o padrão de vida das classes mais modestas da população*»[4].

Dentro desta ordem de ideias, o Ministro exemplifica, por um lado, com os esforços feitos e por fazer na «melhoria da situação económica dos escalões mais modestos do funcionalismo judiciário» e, por outro, com o programa em curso, que deve ser ampliado, de «construção de residências para magistrados com rendas acessíveis», a par das medidas adicionais necessárias para «solucionar os aspectos específicos do alojamento familiar dos magistrados» e seus cônjuges.

É claro que os princípios proclamados, bem como os exemplos da sua aplicação, vistos aos olhos de hoje, nada tinham de muito especial. Mas para a época – e num regime cujo principal emblema de propaganda eram as *obras públicas* e não as *políticas sociais* – tiveram óbvio significado. Um significado precursor, ou de pré-aviso. Sobretudo porque as mesmas e análogas referências continuaram, e foram sendo consideravelmente alargadas, nos discursos subsequentes do Ministro da Justiça.

4. O tema social foi retomado, cerca de um ano depois, no discurso ministerial proferido em 8-4-1962, aquando da inauguração do Tribunal

[4] Sublinhados nossos.

de Nisa (distrito de Portalegre)[5]. Começa com uma nota prévia: «é precisamente sobre as realidades [desta] província (...) que, hoje, para fugir aos temas específicos da política legislativa do Ministério, me proponho fazer perante Vossas Excelências um ligeiro apontamento». O orador bem gostaria de ler um texto mais leve, mas há duas razões que o levarão a ser pesado: a primeira é o «papel fundamental [dos] juristas (...) tanto na preparação como na própria execução das reformas económicas ou sociais que mais facilmente podem atingir os direitos ou os legítimos interesses dos particulares»; a segunda é pessoal, «mais do foro do coração do que do domínio da inteligência»: é que Nisa «tem tido (...) a felicidade de ver à testa das instituições locais homens de sólida formação cristã (...) e que não são daqueles – como diria o povo (...) – que apenas sabem bater com a mão no peito». E cita dois exemplos: o caso do «nobre varão» que «por amor ao próximo, ainda em vida se desfez de quase todos os seus bens materiais»; e o dia da inauguração do hospital sub-regional, quando «em impressionante manifestação de puro bairrismo e de verdadeira caridade cristã, os sócios da casa de espectáculos de Nisa fizeram doação das suas quotas à Santa Casa da Misericórdia local». E, aqui, o Ministro profere as palavras duras que sente o dever de afirmar em público:

> «Ao mesmo tempo que impressiona o exemplo edificante deste punhado de homens bons, não deixa de chocar por contraste *a acção negativa de alguns homens abastados* que noutros concelhos do Alentejo e do Ribatejo *são em grande parte responsáveis, mercê do mau uso que têm feito da riqueza, pelas manchas escuras que o comunismo conseguiu projectar sobre estas zonas do país, aproveitando a ingénua boa fé e a extrema pobreza da nossa gente dos campos.*
>
> «É a *mentalidade materialista e aburguesada que grassa ainda em muitos meios e se mostra, não só impermeável às verdades eternas do Evangelho e à doutrina avisada das encíclicas relativas à questão social, como insensível ao fundo de justiça latente na agitação que hoje percorre grande parte do Mundo*»[6].

Foi uma bomba! Não só no recinto do tribunal, mas nos meios políticos e económicos e um pouco por todo o país. Houve empresários e latifundiários que tentaram, junto de Salazar, conseguir a demissão daquele Ministro

[5] *BMJ*, n.º 116, Maio de 1962, pp. 5-11.

[6] Sublinhados nossos.

«revolucionário»: mas ele foi mantido no cargo por mais cinco anos, e continuou a falar grosso. Ao chefe do Governo interessava, manifestamente, que com o país envolvido nas guerras de África, e com os principais tenores do regime a só falar desse tema, que um Ministro sério, competente e respeitado erguesse, dentro do Governo e não fora dele ou contra ele, o estandarte das políticas sociais. Pena foi que, ao mesmo tempo, tivesse dito ao Ministro da Justiça que as suas ideias custavam muito dinheiro e só a médio e longo prazo se poderiam ir concretizando... Mas autorizou-o a continuar a bater-se por aqueles ideais, que não vinham do marxismo, mas do mais puro cristianismo.

Aliás, no mesmo discurso de Nisa, Antunes Varela abordou outro tema que era tabu: o da reforma agrária. Trataremos dele um pouco mais adiante (*infra*, n.º 7).

5. Depois deste *momento fundador* – o surgimento, em 1962, de uma corrente de catolicismo social próxima do centro-esquerda, embora num regime autoritário de direita –, houve mais dois discursos, nos anos seguintes, que levaram por diante a cruzada em prol do Estado Social (*avant la lettre*).

Um foi o texto lido na inauguração do Tribunal de Fafe (distrito de Braga) ([7]), em 13-10-1963, que começou pelo elogio da técnica ao serviço das grandes obras públicas e do desenvolvimento económico e social. Mas rapidamente passou para o problema do «salário justo»:

> «É perfeitamente cabida a condenação do salário como simples preço duma mercadoria e *absolutamente legítima a reivindicação do salário justo, em função das necessidades essenciais do trabalhador e do seu agregado familiar* (...). (...) Se é condenável [o] progressismo materialista que se apoderou de certas consciências, não deixa de ser igualmente *censurável a indiferença com que muitos acolhem o apelo da justiça social* que o mundo moderno dirige a todas as criaturas responsáveis (...). *As encíclicas papais* (...), embora não deixem de reconhecer a propriedade particular como instituição de direito natural, também insistem repetidamente na *função social que a riqueza tem. Os bens da natureza, criados por Deus para todos os homens, não podem servir exclusivamente os fins temporais de alguns deles.* O proprietário (...) deve considerar a propriedade um *instrumento de satisfação*, tanto

[7] *BMJ*, n.º 130, Novembro de 1963, pp. 21-29.

das suas reais necessidades, como *dos deveres de solidariedade que a comunidade lhe impõe*».

E remata assim:

«À luz deste pensamento, são inúmeras as correcções que é possível *introduzir ainda, dentro de sistemas económicos de raiz capitalista*, como é o português, *no regime das relações entre a propriedade, o capital e o trabalho*. E seria, a meu ver, *erro grave supor que toda a melhoria de situação das classes mais pobres se há-de processar por simples comparticipação nos benefícios do futuro avanço da técnica*, como se toda a questão social se pudesse reconduzir, em último termo, a um *mero problema de acréscimo da produção. Só a repartição mais justa da riqueza actual constitui (...) penhor seguro da repartição mais equitativa da riqueza que o futuro possa trazer à colectividade*».

A mesma ideia é repetida, seis meses depois, na inauguração do Tribunal Judicial de Gouveia (distrito da Guarda) ([8]), em 5-4-1964:

«O outro problema que no momento actual mais prende a atenção dos governantes é o da *melhoria do padrão de vida, tanto da classe média como das camadas mais pobres da população*. A consecução de semelhante objectivo exigirá, nos países insuficientemente desenvolvidos, um *incremento activo da produção*, a par dum *impulso decisivo ao problema básico da habitação* [e,] fora dos sistemas socialistas, não só uma acentuada *valorização do factor humano* no quadro dos serviços públicos, mas também uma *correcção gradual dos critérios de distribuição da riqueza, que a Administração tem incontestável legitimidade para executar, (...) pela função ética a que o Estado não pode renunciar no governo da colectividade*».

E mais incisivamente ainda:

«Se (...) não persuadirmos as pessoas da função social da propriedade, nem dos deveres graves que advêm da riqueza, *quem possui a terra ou o capital há-de entravar por todos os meios a acção que o Estado pretenda levar a cabo*, sem se aperceber que desse modo cava mais fundo o sulco que o separa dos seus colaboradores (...). *Nos (...) escalões superiores da abastança, não faltará quem (...) prefira o comodismo do simples aforro*, que é moral e socialmente improdutivo, *aos novos investimentos*

[8] *BMJ*, n.º 135, Abril de 1964, pp. 5-21.

que são a fonte do desenvolvimento económico do país e a garantia do progresso da colectividade: e muitos serão os que, *por motivos de puro egoísmo*, hão-de dificultar o acesso dos outros ao bem-estar de que desfrutam, esquecendo que *só o chamamento amplo, generoso, das pequenas economias à própria gestão das empresas pode salvar o capitalismo* (...). [A] concepção materialista da vida ainda hoje domina largos sectores da nossa economia privada (...). *Temos (...) de combatê-la; pois, se não é num ambiente de pura estagnação social que o progresso económico (...) se há-de processar* (...), *também não é num clima de paz armada que a correcção das injustiças sociais se há-de alcançar sem ofensa da coesão moral da nação. É preciso criar nas pessoas uma nova mentalidade*, e essa tarefa educativa não constitui encargo privativo deste ou daquele departamento oficial: é *missão fundamental em que (...) [todos] devem colaborar.* (...) O Ministro da Justiça procura dar o seu modesto *contributo para essa autêntica cruzada do nosso tempo*».

6. A novidade do discurso político e social de Antunes Varela – que é uma clara ruptura com o espírito conservador e com a prática da acção governativa *silenciosa* do Estado Novo («não se pense que estar calado é o mesmo que estar inactivo») – não consiste na repetida proclamação de princípios gerais que todos diziam perfilhar: mas, sim, no enunciado da necessidade da sua aplicação a sectores específicos que vai apontando a dedo (a justiça, o trabalho, os salários, a habitação, a correcção das desigualdades sociais, a política de repartição ou redistribuição da riqueza, em contraste com a tese oficial de que os de baixo só podiam subir pelo aumento *geral* da produção); e está, mais ainda, na denúncia daqueles indivíduos que, «nos escalões superiores da abastança», rejeitam e atacam os esforços de melhoria das condições de vida dos mais pobres, bem como na sua (dele, Ministro) *disposição de combatê-los*, lutando pela criação de uma nova mentalidade, e chamando a essa *nova cruzada «todos aqueles (a começar pelos membros do Governo) a quem pertence criar as condições morais, jurídicas e económicas sobre as quais se há-de alicerçar a correcção das nossas instituições sociais»*.

Este Ministro, de apenas 43 anos mas já há 8 no Governo, tinha começado a ser atacado pelos defensores dos interesses instalados. Não na Assembleia Nacional, onde essas coisas não se discutiam, nem na imprensa, onde a censura as não deixava sair. As vias de ataque eram outras: Belém, S. Bento e Ministério das Finanças. Mas todas as tentativas feitas foram infrutíferas: o presidente Américo Tomás e o Ministro das Finanças, Pinto

Barbosa, eram amigos íntimos de Antunes Varela; e Salazar precisava de uma voz, mesmo isolada, a bater-se por mais justiça social.

Constou na altura que o Ministro pôs o seu lugar à disposição do chefe do Governo, mas que este lhe renovou a sua confiança, e o incitou a continuar a defender «os bons princípios».

Antunes Varela sentiu, apesar disso, a necessidade de se justificar em público. O que fez na última frase do seu discurso de 1964 em Gouveia: «Se o Ministro da Justiça procura dar o seu modesto contributo para [esta] autêntica cruzada do nosso tempo, não é para conquistar louros, de que felizmente não precisa, nem para satisfazer pensamentos reservados, que graças a Deus não tem. Se o faz, a despeito de uma ou outra atitude de incompreensão, é apenas para cumprir o seu dever de cristão na hora presente, e também para corresponder ao apelo da sua consciência de governante».

E a cruzada continuou por mais cinco anos.

7. Já anteriormente, aliás, o Doutor Antunes Varela – filho de uma família pobre de trabalhadores rurais do Alentejo mais atrasado – tinha chamado a atenção para a má e difícil situação do povo rural, cada vez mais prejudicado pelo fenómeno do «abandono do interior» (discurso de 6-11-1960, na inauguração do Instituto de S. José, antigo «reformatório» feminino de Viseu)[9].

Mas foi sobretudo nos anos de 1962 e 1963 que o Ministro da Justiça decidiu espraiar o seu pensamento sobre os trabalhadores do campo no Alentejo e sobre o tema escaldante da reforma agrária.

No já citado discurso de Nisa (8-4-1962)[10], depois de elogiar algumas medidas tomadas pelo Governo de que fazia parte – nomeadamente, as obras públicas para dar trabalho à mão-de-obra rural durante os períodos de crise cíclica, bem como a construção de estradas no interior das regiões rurais –, decide defender com vigor o controverso projecto de «plano de rega do Alentejo», declarando abertamente que ele não pode limitar-se às necessárias obras públicas. Será indispensável que «os técnicos [saibam] tirar da rega o aumento da produtividade que a água é susceptível de criar em certas terras», mas também, e com igual grau de importância,

[9] *BMJ*, n.º 101, Dezembro de 1960, pp. 5-14.

[10] *BMJ*, n.º 116, Maio de 1962, pp. 5-11.

que o Governo e os empresários agrícolas se articulem para «estender ao pobre trabalhador rural *as medidas de protecção relativas a salários, garantia de pleno emprego, férias pagas, assistência e previdência, em termos equivalentes ou equiparáveis, pelo menos, aos que vigoram para o trabalhador ligado às empresas industriais e comerciais*». (Era este um dos principais objectivos, por essa altura, da PAC – Política Agrícola Comum, no seio da então CEE).

Mas Antunes Varela vai ainda mais longe e toca no ponto de maior controvérsia, embora em termos moderados: defende a *intervenção do Estado na promoção das necessárias operações de parcelamento da propriedade rústica* (divisão do latifúndio em propriedades de menor dimensão, para que possam ser distribuídas a pequenos e médios agricultores, e até a trabalhadores rurais, garantindo-lhes assim o direito de acesso à propriedade da terra). Desde que, adverte o Ministro, não se caia no erro de pensar que a mera «divisão correctiva das terras, a cargo dos agentes do Estado, [é] uma espécie de panaceia para todos os males diagnosticados à vida económica e social da zona meridional do país». O problema é muito mais vasto, diz: o que é preciso é «definir (...) o esquema das soluções correspondentes ao complexo problema económico-social de toda a região transtagana», sem esquecer que se trata de um problema global e sem descurar a perspectiva do médio e longo prazo. Em suma, «não basta facultar em tese o acesso de alguns proletários ao domínio da terra para garantir a fruição normal da propriedade». É necessário ver como se criam os meios financeiros para a adquirir e, bem assim, como vão ser geridas as pequenas e médias empresas agrícolas criadas, a fim de que não acabe tudo numa «intervenção excessiva, perigosa e duradoira dos agentes do Estado» na vida económica e social da província (como tinha acontecido, dizemos nós, com péssimos resultados, na colectivização forçada das terras agrícolas promovida nos países da Europa de Leste, a partir de 1945-48).

8. Num momento já mais amadurecido de reflexão sobre o problema da estrutura agrária, surge-nos o discurso pronunciado em 29-6-1963 na inauguração do Palácio da Justiça de Évora[11]. Sem entrar aqui nas múltiplas referências de carácter jurídico e técnico feitas por um Ministro completamente inteirado sobre «o plano de rega do Alentejo e a situação de inferioridade da população agrícolo-rural», sublinharemos o que ele,

[11] *BMJ*, n.º 128, Julho de 1963, pp. 5-16.

«como alentejano que me prezo de ser», acrescentou no plano ideológico. Citando pela primeira vez uma encíclica papal em concreto – a *Mater et Magistra*, de João XXIII (1961) –, disse Antunes Varela:

> «As tendências do mundo moderno acentuam cada vez mais, como um imperativo premente de justiça, *a necessidade de conciliar o desenvolvimento económico (...) com o progresso social*. Ora, construir as albufeiras e os canais de rega, orientar e estimular a introdução das culturas mais adequadas ao bom aproveitamento do regadio, rasgar vias de comunicação (...), será certamente actividade de muito interesse (...); mas, *se não* aproveitarmos o volumoso investimento que o Estado vai realizar nas obras de hidráulica agrícola para decididamente *iniciarmos o processo de correcção da situação de inferioridade em que actualmente se encontra a população agrícolo-rural, não teremos sabido associar ao desenvolvimento económico (...) o progresso social*».

Ora, como se há-de conseguir a necessária superação da inferioridade do povo rural? O Ministro Antunes Varela aponta três medidas principais para esse efeito:

> – «*o parcelamento dos terrenos beneficiados pelas obras de fomento hidroagrícola* [que], ao lado do emparcelamento e da nova regulamentação do arrendamento rural, *[são] as peças mais importantes da "nossa reforma agrária"*»;
>
> – «a industrialização intensiva dos produtos agrícolas e a localização das novas indústrias nas zonas onde predomina a monocultura cerealífera (...), [para] *combater as crises sazonais de desemprego (...), elevar a remuneração do trabalho, [e] fixar nos meios rurais (...) os contingentes populacionais que excedam as necessidades de mão-de-obra da actividade agrícola*»;
>
> – «a fixação de preços suficientemente remuneradores para os produtos de natureza agrícola (...)». E citando a *Mater et Magistra*: «*não pode (...) forçar[-se] toda uma categoria de cidadãos a um estado permanente de inferioridade económico-social, privando-a dum poder de compra indispensável ao seu digno nível de vida*».

E acrescenta ainda que «a conjugação de todas estas providências (...) exige um *planeamento económico regional* muito meticuloso e capaz de conquistar a adesão dos interessados»: outra ideia nova, esta, que, lançada por Antunes Varela em 1963, só viria a ser concretizada em 1969, já com Marcello Caetano na chefia do Governo.

O Ministro termina num plano político mais geral: se é certo que «andam muitos incendiários à solta por esse mundo fora [referência aos militantes comunistas], é bom não esquecer que (...) "*ao lado do* fogo, *que é o ódio e a sanha de destruição de uns tantos, continua a haver a* estopa, *formada pelas injustiças e pela miséria imerecida de que são vítimas ainda muitos homens. E as injustiças sociais, ou a revolta nelas fundada, não é a força da autoridade, mas o amor, a justiça e o espírito de compreensão de todos nós que as podem apagar*».

Enfim, voltando em 1967[12] ao tema da reforma agrária, o Ministro da Justiça acrescenta às três medidas antes apontadas a ideia – que haveria de ser repescada pela «Lei Barreto» de 1977, afinal pouco inovadora – de manter na titularidade dos proprietários expropriados uma «reserva» destinada a ser por eles directamente cultivada e na qual se incluiria, em regra, a habitação permanente do ex-latifundiário. Foi uma cedência, aliás razoável, às reivindicações dos atingidos, tal como viria a suceder dez anos depois.

Mas o acento tónico da oratória de Antunes Varela continuou a ser posto na melhoria das condições económicas e sociais dos trabalhadores mais pobres. E isso foi expresso em palavras que ainda hoje, meio século passado e com uma Constituição que se afirmou *socialista*, têm todo o cabimento e oportunidade, num país onde a direita não é liberal nem reformista, mas cada vez mais conservadora:

> «Não são os instrumentos jurídicos que nos faltam para abrir novos caminhos na exploração da terra (...). O que infelizmente nos falta é alguma coisa que, sendo essencial à função normal das leis, transcende afinal em larga escala o [seu] âmbito restrito. É o (...) *clima moral* que faz medrar as instituições jurídicas, políticas e sociais; é o *calor humano* capaz de fecundar as puras criações do espírito; é o *sentimento de solidariedade* que os dirigentes responsáveis nos pregam em todos os tons, (...) mas a que muitos (...), fechados na concha do seu individualismo egoísta, continua[m] insensíveis como uma pedra».

9. E o Ministro lança o grande desafio, que não lhe será perdoado:

> «É neste ponto que cabe realmente perguntar: *as pessoas de recta consciência, os simples homens de bom senso*, que não escasseiam num país de gente equilibrada

[12] *BMJ*, n.º 165, Abril de 1967, pp. 5-18.

como o nosso, *não serão capazes de ouvir e de entender o apelo vigoroso com que as trombetas do nosso tempo procuram sacudir a cómoda inércia de cada um de nós (...)?*».

Este discurso foi proferido em Abril de 1967. O Ministro da Justiça Antunes Varela foi exonerado do cargo, a seu pedido, em Setembro do mesmo ano, cinco meses depois[13]. Ninguém, nas altas esferas do regime, queria ouvir mais os seus apelos à solidariedade efectiva para com os pobres, e muito menos os seus repetidos ataques à insensibilidade social dos «escalões mais elevados da abastança».

III

10. Em termos doutrinários, Antunes Varela não inovou substancialmente em relação ao conteúdo que havia sido expresso, até ao período em que foi Ministro, pelas grandes encíclicas sociais da Igreja – a *Rerum Novarum*, de Leão XIII (1891); a *Quadragesimo Anno*, de Pio XI (1931); e a *Mater et Magistra*, de João XXIII (1961). Em todas elas, como se sabe, os papas fundaram-se directamente na palavra de Cristo, revelada pelos Evangelhos, para, com base no mandamento do amor ao próximo, conceder uma grande prioridade aos pobres (v. o Sermão da Montanha) e, por consequência, proclamar os deveres de solidariedade para com eles por parte dos ricos, a justiça de muitas das reivindicações dos trabalhadores face aos patrões, a legitimidade e a utilidade da existência e actuação de sindicatos, o direito a um salário justo, a necessidade de atenuar significativamente o contraste chocante entre «a riqueza e o luxo» dos privilegiados e a «pobreza e a miséria» dos trabalhadores, desempregados, doentes, famintos, pessoas sem abrigo, e outros grupos fortemente desfavorecidos[14].

11. Isto, todos os católicos o sabiam, embora nem todos o praticassem. Oliveira Salazar inspirara-se nas mesmas fontes – sobretudo na *Rerum*

[13] Sabemos, através de fontes muito seguras, que foi ele que na realidade insistiu em sair, o que Salazar levou alguns meses a concretizar.

[14] V. a nossa *História do Pensamento Político Ocidental*, 'Almedina', Coimbra, 2011, pp. 421-430 (Leão XIII), 633-646 (Jacques Maritain) e 695-713 (João XXIII).

Novarum, de 1891, e na *Quadragesimo Anno*, de 1931 – para inscrever alguns dos respectivos princípios e valores na sua Constituição de 1933.

Aí se determinava, nomeadamente, que entre as tarefas do Estado se achava a de «zelar pela melhoria das condições das classes sociais mais desfavorecidas, procurando assegurar-lhes um nível de vida compatível com a dignidade humana» (art. 6.º, n.º 3)[15]; proteger a família (art. 14.º); estabelecer uma organização económica que realize «o máximo de produção e riqueza socialmente útil» e uma vida colectiva «de que resultem poderio para o Estado e justiça entre os cidadãos» (art. 29.º); e determinava-se que na «economia nacional corporativa», «a propriedade, o capital e o trabalho desempenham uma função social, em regime de cooperação económica e solidariedade» (art. 35.º).

Como se vê, o carácter *social* do regime corporativo, embora afirmado, não era particularmente acentuado. As disposições constitucionais ficavam bastante aquém dos preceitos contidos nas encíclicas sociais dos Papas. Não foram aquelas que suscitaram o ardor e o zelo reformista de Antunes Varela.

12. Outro factor que influenciou, e bastante mais decisivamente, o pensamento social daquele Ministro da Justiça foi a pobreza em que nasceu e em que viu viver os seus pais, familiares e conterrâneos, nas zonas rurais menos desenvolvidas do Alentejo. Veja-se este dramático retrato que o Ministro desenhou, em traços que pareciam escritos por Camilo (autor que ele tanto apreciava), no ano de 1967[16]:

> «Há bons quarenta anos [tempos da Primeira República, teria Varela cerca de dez anos de idade], (...) os trabalhadores do campo (...), quando não pernoitavam a granel sobre a tarimba dura das toscas dependências do monte, de mistura com os animais da estrebaria, habitavam no povoado em casas de piso térreo, grosseiramente construídas sem os menores requisitos de higiene ou de conforto, encimadas por coberturas de telha vã, por onde a chuva e o vento, que molhavam os corpos e enregelavam os ossos, entravam sem a menor cerimónia pelas noites intermináveis do inverno rigoroso. Marido e mulher, companheiro e

[15] O último segmento, que na versão inicial estabelecia: «obstando a que aquelas desçam abaixo do mínimo de existência humanamente suficiente», foi depois suprimido.

[16] Inauguração do Tribunal de Fronteira, em 16-4-1967, no *BMJ*, n.º 165, Abril de 1967, pp. 5-18.

companheira, filhos e filhas, (...) dormiam em regra no mesmo quarto, as mais das vezes no mesmo catre, numa promiscuidade horrível, deitados sobre a mesma enxerga de palha apodrecida, cobertos pelos mesmos trapos.

«Raras eram na época (...) as casas dotadas de instalações sanitárias, como relativamente poucas seriam as povoações que dispunham de abastecimento domiciliário de água ou que possuíam (...) rede de esgotos ou saneamento (...). A alimentação, tão pobre na qualidade como abundante na quantidade, tinha como base o pão trigueiro e o magro conduto com que crianças e adultos enganavam a fome pelo dia adiante, só ao domingo ou em dia de maior nomeada conhecendo o luxo das gorduras que dava o enchido de porco. O vestuário cifrava-se, por seu turno, em duas escassas mudas de roupa: a que o dono trazia sobre si, e a que estava a caminho da ribeira, para lavar e passajar em seguida. Se chovia (...), era sobre o próprio corpo, muitas vezes com o calor do próprio trabalho, que as peças encharcadas haveriam de enxugar e secar.

«Nestas condições precárias de alojamento, de alimentação e de vestuário, sem direito a um dia de férias, sujeito a um regime crónico de subemprego, sem reformas na velhice nem auxílio na doença ou na invalidez, labutando desde o romper da madrugada até o sol declinar no horizonte, em luta constante com uma natureza pobre e um clima áspero, era o homem chamado aos trabalhos mais duros, que iam desde o arranque das azinheiras ou a cava da terra ressequida pela sede até à ceifa sob a torreira escaldante do estio. E, ao cabo de uma existência inteira de labor sem novos horizontes, num quadro natural e social que tinha os seus laivos de tragédia humana, o pobre do nosso trabalhador acabava por ganhar menos em toda a sua vida sofredora do que muitos felizardos dos grandes meios urbanos, de costas direitas ou refastelados em cómoda poltrona, são capazes de recolher por uma simples gratificação no encerramento da conta de exercício ou de arrecadar como luvas por um só negócio chorudo que agenciaram para a empresa». O Ministro reconhecia, a seguir, que muitas coisas haviam melhorado nas últimas décadas, mas afirmava que continuava a existir muita pobreza e demasiada miséria. Melhoras bem evidenciadas pela redução da taxa de mortalidade infantil, índice de desenvolvimento de um país (pelo muito que, a montante, toma corpo nessa taxa): do início do Estado Novo até 1974, a taxa passou de cerca de 150‰ para 45‰.

Quem, aos quarenta e tal anos, conserva e reproduz em público uma memória destas por si vivida três décadas antes, não pode deixar de ser uma pessoa marcada para sempre; e se não se converte em revolucionário, tem de ser necessariamente um reformista. Daí o combate, como responsável pela Justiça, em prol da dimensão desta mais recentemente acentuada – a da «justiça social», ou «justiça distributiva» segundo Aristóteles.

13. Aos dois factores acabados de mencionar – a doutrina social da Igreja e o meio social e familiar em que nasceu e viveu na sua juventude –, cremos que deverá ser acrescentada uma terceira causa explicativa, não apenas do pensamento social cristão de Antunes Varela, mas sobretudo da atitude militante por ele assumida no Governo a favor dos mais pobres (*pro-poor*), em vez do discurso conservador e socialmente insensível da maioria dos seus colegas (que era *pro-rich*). Trata-se de um dado importante da vida profissional deste homem de leis que, uma vez doutorado em direito civil (1950), foi chamado, sem porventura o esperar, a aprofundar conhecimentos num sector que as faculdades de Direito não ensinavam, se é que propositadamente o não escondiam: o Direito do Trabalho.

Com efeito, o jovem doutor Antunes Varela foi nomeado, em 1951, 1952 e 1953, delegado do Governo à OIT – Organização Internacional do Trabalho, com sede em Genebra. A OIT já era, na altura, uma das mais influentes agências especializadas da ONU, mas fora criada antes, no âmbito da Sociedade das Nações (em 1919), a fim de contribuir, pela elaboração e aprovação de numerosas «convenções internacionais de trabalho», para o desenvolvimento e progresso da legislação laboral interna de cada país membro (e eram mais de 150), tudo com base na convicção profunda, proclamada pelo presidente Wilson, de que não podia haver paz no mundo, nem justiça em cada nação, se não se declarassem e protegessem, por forma adequada, os direitos dos trabalhadores.

Antunes Varela foi, a par das suas aulas em Coimbra, o delegado português à OIT durante três anos, situação interrompida em 1954 quando ascendeu a Ministro da Justiça. Nesse curto mas influente período da sua vida profissional, o jovem professor universitário, vindo da ruralidade ancestral do Alentejo profundo, entrou pela primeira vez em contacto, num país tão desenvolvido como a Suíça, com o mundo do trabalho: contactou com os altos funcionários internacionais mais competentes na matéria, conheceu os principais sindicatos de todo o mundo e ouviu os representantes dos trabalhadores, relatando as suas más condições de vida mas acreditando na força do Direito para as melhorar. Nesse contexto, o representante especial português tomou decerto conhecimento das principais convenções da OIT já aprovadas, estudou obviamente as que se encontravam em vias de elaboração e, como era natural, terá recomendado ao Governo do seu país que as incorporasse na ordem jurídica interna. Sem se tornar num sindicalista, deve ter sentido vigorosamente no seu íntimo a necessidade de o Estado e a lei protegerem e melhorarem as condições de vida dos trabalhadores, tanto da indústria como da agricultura. Percebeu, e decidiu, de que lado estava o seu coração.

14. Julgamos, pelo que fica dito, que é agora mais fácil compreender as ideias-mestras do pensamento social cristão do Ministro Antunes Varela ao longo dos treze anos em que foi titular da pasta da Justiça. Em virtude das encíclicas papais, ele podia ter sido apenas um doutrinador: mas com a traumática experiência da sua vida e da dos seus familiares e conterrâneos, tornou-se num crítico e num autor de propostas concretas de claro teor progressivo; e com o ambiente de luta e reivindicação respirado em Genebra ganhou coragem, não apenas para lutar pelos mais pobres, mas também para denunciar e interpelar os «altos escalões da abastança», assim como os que nas grandes cidades, refastelados em cómodas poltronas, ganhavam mais num ano, ou num negócio, do que os trabalhadores em toda uma vida sofredora. A opção ficou feita.

15. Podia o Ministro Antunes Varela ter alcançado o cimo do Poder no regime político com que aceitou colaborar?

Ao longo de treze anos de discursos ousados e corajosos, o leão mostrou a sua garra. Estava ali *alguém*. As declarações públicas que proferia, à média de duas ou três por ano, não eram meros discursos de Ministro: revelavam claramente o estofo de um chefe de Governo.

Estaria ele, paulatinamente, a candidatar-se a sucessor de Salazar? É bem possível que sim. Quem não tem ambições não deve fazer política. E o certo é que, na hora da sucessão, ele foi por todos reconhecido como um dos três principais candidatos (e era, há provas disso, o favorito do Presidente da República, em termos puramente pessoais).

Porque não conseguiu? Supomos que a resposta a essa pergunta deve distinguir duas fases.

Na primeira, enquanto foi Ministro, Antunes Varela ganhou o prestígio necessário para vir um dia a suceder a Salazar, mas este não o quis indicar como delfim. Podia tê-lo promovido a Ministro da Presidência (como fez com

Marcello Caetano) ou tê-lo nomeado para chefiar, em acumulação, os dois ministérios sociais mais importantes da época – Corporações e Trabalho, e Saúde e Assistência (como Marcello Caetano viria a fazer com Baltasar Rebelo de Sousa). Mas o chefe do Governo não o fez, quer porque sempre declarou não querer tratar da sua sucessão, confiando-a exclusivamente ao Presidente da República –, quer porque a ala mais conservadora do regime fez de Antunes Varela o seu inimigo principal, pois punha em causa muitos interesses instalados. E Salazar, ao contrário de De Gaulle, nunca aceitou formar um grupo de «salazaristas de esquerda». (Recorde-se que o presidente De Gaulle, além de ser apoiado no parlamento por dois ou três partidos de direita, também o era por um grupo de deputados que se intitulavam – e eram – «gaullistes de gauche»).

A segunda fase, curta mas decisiva, foi a que decorreu, em 1968, entre a «queda da cadeira» (Agosto) e a nomeação de um novo Presidente do Conselho (Setembro). Antunes Varela tinha vários trunfos a seu favor: uma vasta obra legislativa, seriedade e probidade indiscutíveis, serenidade e moderação de atitudes, reformismo patente, e a grande admiração que lhe votava Américo Tomás. Porque não foi escolhido?

Cremos que o não foi por duas razões: porque era uma ameaça a vários dos grandes capitalistas que apoiavam o regime e porque, contraditoriamente, tinha uma imagem pública de homem conservador – católico convicto, bem casado e com oito filhos, salazarista fiel, e adepto da necessidade de continuar a defender o Ultramar. Dele «não seria razoável esperar grandes concessões ao modernismo»[17].

Mas perguntar-se-á: então ele não era um reformista, um defensor de maior justiça social, o brilhante advogado da abertura de uma nova fase do regime que se caracterizasse pelo desenvolvimento económico acelerado e por mais ousadas políticas sociais[18]? Claro que era; e, sob esse aspecto, teria sido sem dúvida o mais consequente. Mas o regime dito corporativo era no fundo uma forma de *capitalismo conservador*, que os grandes interesses económicos condicionavam. A tal ponto que a *censura*, directamente dependente do chefe do Governo, só deixava passar, dos discursos de Antunes Varela, os aspectos jurídicos puros, os elogios a Salazar e a repetida defesa do Ultramar: o progressismo social era quase sempre, e em larga

[17] Ver as nossas *Memórias Políticas*, vol. I, 'Círculo de Leitores' e 'Bertrand', Lisboa, 1995, p. 87.

[18] *Idem*, p. 86.

medida, riscado pelo lápis azul dos censores (sem prejuízo da publicação integral dos discursos no *Boletim do Ministério da Justiça*).

De modo que, perante a opinião pública, Antunes Varela aparecia como um ultraconservador, da mesma forma que Franco Nogueira surgia como alguém que só se importava com a defesa do Ultramar através da política externa. Marcello Caetano emergiu, assim, naqueles 33 dias de crise, como o único candidato polivalente, capaz de atender com igual interesse e empenhamento aos mais prementes problemas do país – e com uma vontade clara de abertura política, de modernização económica e de construção de um Estado Social. Ganhou o candidato que satisfazia maior número de critérios.

Mas Antunes Varela não merece ser esquecido. Nem como professor e jurista, nem como Ministro, nem como arauto – nos anos 50 e 60 do século XX – da doutrina social da Igreja, entendida como defensora dos mais pobres e desfavorecidos. São dele as seguintes palavras de síntese, ainda hoje bem actuais[19]:

> «*O Governo não pode (...) desinteressar-se da justa remuneração do trabalho* (...). Neste domínio crucial da distribuição do rendimento nacional, são muitos os que têm a [noção] de que longa jornada nos falta ainda percorrer (...) no plano da justiça distributiva. (...)
>
> «*Ser a riqueza* – como é – *coisa diferente da felicidade nem significa ser na miséria que a felicidade se há-de procurar, nem autoriza os governos,* no plano do poder temporal em que a acção política se move, *a cuidar como coisa de somenos a condição material das classes mais desfavorecidas*[20].
>
> «Se há quem, apesar de muito possuir já, muito mais queira ainda para atingir as balizas móveis da sua ilimitada ambição», há duas outras categorias que são prioritárias para um governo justo: «as pessoas condenadas a serem perpetuamente pobres» e, a par dessas, «todos aqueles que ainda necessitam de bastante para alcançar com o seu esforço coisas essenciais da vida» (e cita: saúde, cultura e recreio, independência, tranquilidade de espírito).
>
> «*A conquista de semelhantes objectivos para o maior número possível dos que possuem reais qualidades de trabalho marca o espírito duma época.* (...) *A luta por esta melhoria*

[19] Discurso de inauguração do Tribunal Judicial de Santa Comba Dão, em 27-4-1965, *in BMJ*, n.º 146, Maio de 1965, pp. 5-19.

[20] Sublinhados do próprio Ministro da Justiça.

da condição humana excede, em larga medida, a capacidade de realização dos governos», ou de um único grupo, ou de um só homem. «[É uma responsabilidade de todos os] que não deixem murchar o viço da juventude com o frio da velhice prematura e saibam, pelo contrário, aquecer o coração à chama do sentimento patriótico»[21].

Aqui fica a nossa modesta homenagem ao Professor Doutor João de Matos Antunes Varela, jurista e doutrinador social cristão que, embora Ministro de um regime que não desejava a Democracia (cujo tempo ainda não tinha chegado e que ele, infelizmente, não conseguiu antecipar – sem prejuízo do passo que foi, nos anos 40, a concessão do voto às mulheres, *grosso modo* em condições equiparadas às dos homens), soube contudo interpretar correcta e ousadamente a doutrina social da Igreja. Assim os nossos social-democratas e democratas cristãos de hoje, plenamente inseridos nos quadros de uma Democracia pluralista autêntica, saibam manter viva a chama do pensamento social cristão e rejeitar com firmeza as perigosas sereias quer do neoliberalismo ultraconservador que exclui os mais fracos, quer do neo-assistencialismo tão alargado que põe em risco o equilíbrio das finanças públicas.

[21] Sublinhados nossos. Cf. o *BMJ*, n.º 146, já citado, de 1965.

DISCURSO DE ANTUNES VARELA, DE 28 DE MAIO DE 1955, PORTALEGRE

BOLETIM DO MINISTÉRIO DA JUSTIÇA, 51

I

É hoje festivamente inaugurado o novo edifício do Tribunal de Portalegre[1].

Os serviços dependentes do Ministério da Justiça, dispersos até agora pela cidade, mal apetrechados e deficientemente instalados, passam a estar doravante concentrados e a dispor de instalações condignas, com os consequentes benefícios da maior comodidade e economia de tempo para o público e com a possibilidade de maior rendimento e prestígio para os próprios serviços. A transferência de várias repartições para o novo imóvel permitirá libertar algumas dependências do antigo Paço do Bispo, cuja utilização pode contribuir, por seu turno, para melhor acomodação doutros serviços públicos.

Isto, na hipótese de a Câmara não pretender antes aproveitar o ensejo para deliberadamente atacar um problema cuja resolução suponho merecer o aplauso incondicional de quase toda a diocese: o regresso do Prelado à residência que durante largos anos ocupou.

Mas não é apenas a população da cidade que neste dia possui razões justificadas para dar largas a um sentimento natural de regozijo.

A construção do novo Tribunal foi generosamente subsidiada pelo Ministério da Justiça, através da Repartição administrativa dos Cofres; e foi confiada pela Câmara Municipal, em regime de administração directa, à

[1] Discurso pronunciado por Sua Excelência o Ministro da Justiça, Prof. João de Matos Antunes Varela, quando da inauguração do Tribunal de Portalegre, em 28 de Maio do corrente ano.

repartição dos Serviços Económicos e do Trabalho Prisional e Correccional, que a executou por meio duma brigada prisional.

E qualquer das repartições ministeriais é credora duma palavra de justo louvor.

A Repartição dos Cofres assiste assim à multiplicação crescente dos frutos duma administração apertada mas criteriosa. Às numerosas Casas de Magistrados espalhadas por todo o País, aos Tribunais da Guarda, de Beja, de Viseu, de Santarém e de Bragança, cuja construção foi largamente comparticipada com verbas do Ministério da Justiça, vem agora juntar-se o Tribunal de Portalegre, e muito brevemente a lista será acrescida com os Tribunais de Vila Real e de Chaves. A incompreensão, de que a Repartição terá sido vítima uma ou outra vez, e o esforço insano que permanentemente é chamada a dispender no apuramento e selecção duma grande parte das despesas do Ministério, devem considerar-se largamente compensados à medida que, graças ao espírito de economia de quem superiormente a orienta, se sente, por um lado, progredir a obra meritória de educação e recuperação social dos reclusos pelo trabalho, e se vê, por outro lado, avançar, em termos tão animadores, a tarefa de equipamento e de instalação de serviços que, até há pouco tempo, funcionavam em condições materiais deficientes, umas vezes por incapacidade, outras por desinteresse dos respectivos municípios.

A Repartição dos Serviços Económicos pode igualmente rever-se, com orgulho, na dupla obra que, com a ajuda preciosa dos directores dos diversos estabelecimentos prisionais, está a realizar: primeiro, nos resultados materiais do trabalho penitenciário e na contribuição indirecta, mas poderosa, que deste modo presta ao avanço das instituições jurídicas e ao prestígio dos serviços de administração da justiça; segundo, nos progressos sensíveis que um observador atento pode verificar, tanto na instrução profissional das brigadas como, de um modo geral, no programa de recuperação social dos reclusos, aos quais se procura criar ou conservar qualidades de trabalho, e incutir outrossim o espírito de economia em relação ao justo prémio do seu labor.

O merecimento desta campanha discretamente levada a cabo por todo o País é de realçar tanto mais quanto é certo que a Repartição tem sido forçada a suprir com um entusiasmo e uma dedicação sem limites de alguns dos seus funcionários a falta de pessoal suficientemente adestrado para a direcção técnica das obras, cuja execução lhe foi entregue.

Estão finalmente de parabéns os funcionários e os advogados que exercem ou venham a exercer a sua profissão no Tribunal.

A dignidade das instalações e o apetrechamento capaz de cada repartição facilitam o método no trabalho, tornam mais suave e natural a disciplina no serviço, desenvolvem no funcionário o interesse e a afeição pelas instituições em que serve, criam entre superiores e subordinados laços mais apertados de solidariedade, podem aumentar em suma o grau de eficiência dos serviços públicos. E só esta actividade metódica e disciplinada se revela capaz de garantir junto do público, o prestígio e a confiança sem os quais os serviços de administração da justiça não podem exercer cabalmente a nobilíssima função que lhes compete dentro da vida social.

Não nos iludamos, em todo o caso, a este respeito.

Não basta a renovação material dos serviços, por mais profunda que venha a ser, para atingir os supremos objectivos da acção valorizadora da justiça em que o Governo se encontra empenhado. As instalações e os instrumentos de trabalho são um factor apenas dentro do trinómio sobre o qual assenta o verdadeiro rendimento social duma instituição.

Se toda a competência profissional e a mais acrisolada dedicação pelo serviço correm o risco de estiolar quando o funcionário carece dum mínimo de condições materiais para o trabalho, também a maior riqueza de equipamento não chega para vencer a incompetência ou o desleixo dos funcionários, nem rende o juro bastante dos sacrifícios que custa à Nação, quando a disciplina da instituição entorpece e paralisa o espírito progressivo dos serviços.

Corre seus termos, como dissemos, o processo de renovação material dos serviços dependentes do Ministério; está, por outro lado, em curso um trabalho de profunda e vasta actualização do nosso Direito, cujo êxito parece assegurado pela alta competência e excepcional dedicação ao interesse público dos Professores que a tomaram a seu cargo.

Digamos hoje uma palavra sobre o último factor de que depende o rendimento dos serviços de justiça: o valor profissional dos homens.

Para principiar, uma vez que se torna impossível discorrer ao mesmo tempo acerca da actividade de quantos colaboram nestes serviços, analisaremos nesta sessão, em termos muito sucintos, o papel da magistratura judicial, cuja actividade se cruza com todas as outras exercidas nos Palácios de Justiça e cujas funções definem o momento capital da vida do Direito.

II

Mais do que uma profissão, a magistratura judicial é um sacerdócio. O magistrado tem confiados à sua guarda alguns dos mais altos valores da convivência social, consumindo grande parte da vida a punir os outros, em nome do Direito, pelas violações dos princípios ético-jurídicos que a sociedade pretende incarnar. Para tarefa de tamanha responsabilidade encontrar ambiente adequado, necessita o magistrado de conquistar, não apenas no complexo exercício da função pública, mas também no domínio da vida privada, a autoridade moral e o prestígio social indispensáveis ao exercício da actividade jurisdicional. O magistrado tem de esforçar-se por ser, numa palavra, o espelho das virtudes que, por delegação embora do Direito, a todo o momento exige dos outros.

Este apelo forte, que domina de alto a baixo a vida do magistrado, torna necessária ao exercício da magistratura uma *qualidade* fundamental: o sentimento jurídico.

O sentimento jurídico não se resume, porém, à intuição da Justiça, à orientação instintiva para os caminhos abertos pelo Direito. A essa qualidade de natureza puramente estática há-de unir-se o atributo de carácter dinâmico que é o seu natural complemento: o ânimo de lutar pelo Direito, a disposição firme e intransigente de levar a cada caso da vida a solução que lhe compete e que Ihering descreve em páginas duma rara elevação.

É, no caso particular do magistrado, a fortaleza de ânimo necessária para desmascarar a mentira das partes e das testemunhas e deixar resplandecer toda a pureza da verdade, e o propósito constante de afastar do julgamento os factores estranhos capazes de embaraçar a acção da Justiça, para que o Direito triunfe, em toda a sua plenitude.

Dentro do sentimento jurídico, cabe finalmente o bom-senso, a prudência, o equilíbrio, sem os quais o magistrado corre o risco permanente de deturpar o pensamento da lei, de se deixar subjugar pelas paixões que fervilham em torno de cada conflito, de esquecer os clamores das vítimas que ficaram pelo caminho, para atender sòmente as lamentações dos infractores, quando tarda em surgir a acção dos tribunais.

Quem não possua esse conjunto de predicados naturais – quem não sentir um raio de sol acariciar o coração por cada acto de justiça que pratica, não vir avolumar dentro de si um sentimento de reacção por cada ilegalidade que observa e não experimentar a necessidade racional de verter na formulação geral conveniente toda a situação que tem de julgar – dificilmente dará um bom magistrado, por mais tratados que leia e maior que seja o empenho de acertar.

Mas não basta, em contrapartida, a posse do sentimento natural de justiça para formar um bom magistrado, como não basta a fertilidade natural do solo para que em bons frutos se desentranhe a terra. A vida social é demasiado complexa para bastarem ao seu governo, como pretenderia o conhecido «Frei Dinis», as leis do Decálogo e nenhumas constituições mais que o Evangelho.

Para descobrir o pensamento inspirador da complexa teia de princípios que constitui a disciplina social da colectividade e para reagir, em termos convenientes, perante as novas formas com que a exuberância da vida largamente ultrapassa os quadros rígidos e acanhados da lei, não basta que o magistrado se debruce sobre a própria Razão. Tem de meditar ainda sobre as fontes, precisa de conhecer os sistemas de outros povos e as leis de outras épocas, necessita enfim de recorrer aos ensinamentos acumulados durante séculos pela experiência e reflexão dos mais altos espíritos da ciência que utiliza.

Só o conhecimento minucioso, adquirido pelo estudo ou pela experiência, das inúmeras situações em que a vida social prodigiosamente se multiplica e o estudo comparativo dos sistemas postos em prática pelos vários povos nas diversas épocas da História, permitem ao jurista encontrar as múltiplas soluções em que é possível desdobrar as leis do Decálogo e descobrir os princípios necessários à disciplina social e cuja formulação o Decálogo nem longìnquamente chega a cobrir.

Para além das exigências que acabam de ser apontadas e podem afinal, em maior ou menor grau, consoante os casos, ser consideradas comuns a todos os juristas, há uma terceira que se aplica especialmente à magistratura: é o espírito de renúncia com que o magistrado deve actuar na aplicação das leis.

O magistrado tem de sacrificar, na aplicação do Direito, aos princípios incarnados no ordenamento constituído tanto o seu sentimento de equidade como as suas concepções pessoais de ordem geral relativas à disciplina de cada instituto.

A violação desse dever fundamental de subordinação à lei constitui um factor dissolvente da certeza e da segurança necessárias a toda a vida social, representa uma subversão da divisão constitucional dos poderes do Estado e pode em muitos casos – designadamente na apreciação dos chamados crimes contra a segurança interna ou exterior do Estado – constituir um perigo gravíssimo para a vida da comunidade.

Péssimo serviço prestariam, na verdade, à causa do Direito os magistrados que, traindo a orientação superiormente definida na lei, dessem à Nação a sensação de incapacidade dos tribunais comuns para a defesa da sua soberania e para a salvaguarda dos mais altos valores do seu património moral e espiritual.

Praza a Deus, minhas senhoras e meus senhores, que nesta nova casa – nascida da colaboração do município com o Estado, erguida por homens que na sua construção resgataram faltas cometidas contra a sociedade – a Justiça seja sempre exercida com a competência, a ponderação e a coragem moral que da Magistratura Judicial reclamam a consciência e a própria vida na Nação.

III

Poderia rematar aqui as minhas considerações, se a evocação hoje feita em todo o País me não pedisse uma palavra mais.

Não podiam os homens da minha geração avaliar, em 28 de Maio de 1926, o perigo das labaredas que então crepitavam por todo o País, nem medir o extraordinário alcance político-social do movimento militar que as pretendeu extinguir. Mas puderam ainda sentir, no relato vivo e nas reacções emocionais de testemunhas presenciais dos acontecimentos mais relevantes da época, as cinzas quentes da enorme fogueira que durante alguns anos consumiu inglòriamente as melhores energias da Nação. E a alguns se aperta ainda agora o coração ao imaginar a tragédia que o País poderia ter presenciado se as paixões que insensatamente se inflamaram de norte a sul não tivessem deparado com o tradicional bom-senso e o profundo sentido das realidades que caracteriza o povo português.

A agitação foi, apesar disso, bastante profunda e do abalo produzido na população restam ainda hoje vestígios que nem o tempo nem o esforço dos homens conseguiram apagar por completo.

A falta dum mínimo de cortesia, de respeito e de confiança recíproca nas relações entre os órgãos da soberania reflectiu-se, como era natural, nos termos das lutas eleitorais em que o País se via permanentemente envolvido – e acabou por comprometer o prestígio da administração junto das populações. A natural inaptidão das Câmaras para satisfazer as exigências constantes e progressivas da administração pública, aliada às inibições com que o parlamentarismo fazia gala de paralisar a acção governativa, fizeram descrer mesmo da eficiência das instituições políticas.

Dentro do próprio sector da Justiça, o regime do júri, tão grato ao pensamento da época, acabou por desacreditar a justiça penal e o espírito de chicana, largamente tolerado pela legislação processual vigente, tornava temida – e não desejada – a justiça cível. Criara-se principalmente no País a sensação confrangedora da impotência das autoridades e dos tribunais para conter a onda de rebelião e de indisciplina que alastrava por todo o território e para restaurar a paz e a ordem indispensáveis a todo o progresso moral e económico.

Na própria fonte da sua maior riqueza espiritual – na religião, na vida familiar e nas festas tradicionais ìntimamente associadas ao culto litúrgico da Igreja – o povo foi vítima nessa época dum logro assente sobre uma autêntica mistificação.

Colocando no lugar da Igreja as fraquezas humanas de sacristia, quantas vezes inventadas e avolumadas, a propaganda da época empenhou-se em combater afinal, através duma crítica impiedosa e irreverente, as verdades eternas e os valores supremos que se veneram no altar de Deus, conseguindo assim encerrar templos, asfixiar vocações, corroer a fé dos novos – deixar em suma às populações rurais, em vez da crença iluminada pelo Evangelho, um vago, grosseiro e instintivo sentimento de superstição.

E para coroar a obra, foi-se ao ponto de abolir as festas e usanças que durante séculos deram cor, vida, alegria, personalidade às populações de cada lugar, para as substituir por cerimónias sem carácter nem tradição.

O movimento de 28 de Maio representa fundamentalmente o regresso exigido pela consciência da Nação à ordem, à paz, ao trabalho, ao progresso, à felicidade e prosperidade relativa do nosso povo, à grandeza incomparável da sua vocação histórica, à riqueza das suas tradições seculares.

Em face desse sentido transcendente do movimento militar, só temos motivos para nos congratularmos com a modesta homenagem indirectamente prestada aos precursores e obreiros da Revolução Nacional, escolhendo o dia de hoje para a inauguração, neste meu distrito de

Portalegre, duma obra que, além de embelezar a cidade, de beneficiar o público e melhorar o rendimento dos serviços, é acima de tudo um templo da Justiça – um instrumento do culto dos altos valores como a liberdade, a ordem, a paz, o progresso, a equidade – que o Direito serve.

DISCURSO DE ANTUNES VARELA,
DE 6 DE NOVEMBRO DE 1960, VISEU

BOLETIM DO MINISTÉRIO DA JUSTIÇA, N.º 101
DEZEMBRO – 1960

Excelentíssimo e Reverendíssimo Senhor
Minhas Senhoras
Meus Senhores[1]

1. O Instituto de S. José – nova designação legal do antigo Reformatório Feminino de Viseu – é o primeiro dos edifícios incluídos no programa de remodelação material dos estabelecimentos jurisdicionais de menores, que o Doutor Cavaleiro de Ferreira fixou, a ser oficialmente inaugurado.

O valor especial da inauguração, reforçado pela circunstância de dois novos conjuntos de instalações, em Caxias e Izeda, se encontrarem pràticamente concluídos dentro do mesmo programa e ainda pelo facto de estarmos neste momento chegados à fase final da reforma dos serviços, justificará que aqui se diga uma palavra sobre os aspectos que em Portugal reveste no presente uma questão muito debatida no mundo contemporâneo, e que é a chamada delinquência juvenil, e bem assim sobre a missão que o Estado confia aos estabelecimentos de reeducação na recuperação social da juventude transviada.

Antes, porém, de o fazermos, manda um dever elementar de gratidão que não deixemos de manifestar pùblicamente ao Senhor Ministro das Obras Públicas o reconhecimento que os serviços do Ministério da Justiça lhe devem pela prova de confiança com que uma vez mais honrou o trabalho prisional, ao sancionar comigo a adjudicação da empreitada da construção às brigadas penitenciárias.

[1] Discurso proferido por Sua Excelência o Ministro da Justiça, na inauguração do Instituto de S. José, em Viseu, no dia 6 de Novembro de 1960.

Cumpre-me depois agradecer ao Senhor Bispo de Viseu, figura prestigiosa da nossa Igreja, não só a colaboração que se dignou conceder para a resolução do problema da assistência religiosa no novo Instituto, como o brilho que, com a Sua honrosa presença, conferiu a esta sessão inaugural. Igual reconhecimento é devido a Sua Excelência Reverendíssima o Senhor Bispo da Guarda e às autoridades locais, nomeadamente aos Senhores Presidente da Câmara e Governador Civil do distrito, que com muita compreensão e desvelado interesse acompanharam a evolução da obra ou auxiliaram prontamente a solução de algumas dificuldades.

Viseu foi das primeiras cidades a conhecer directamente, através da construção do Palácio da Justiça, os excelentes frutos que cedo foi possível colher do ensino profissional e do aproveitamento criterioso do trabalho dos reclusos.

E pôde agora observar de novo, através não só do acabamento esmerado da construção como principalmente do funcionamento da brigada entregue à esclarecida direcção do Dr. Moura de Carvalho, coadjuvado pelo João Pinheiro Torres, a forma como a organização tem sofrido sucessivos aperfeiçoamentos, destinados a extrair do trabalho o máximo rendimento possível como factor de reabilitação social dos delinquentes.

Simplesmente, as novas instalações do Reformatório valem agora mais como instrumento de recuperação das jovens internadas do que como puro resultado material do trabalho penitenciário. E é sob esse aspecto que mais interessa de momento analisar o valor e medir o alcance das instituições em que o novo edifício se integra.

2. O problema da delinquência e da indisciplina juvenis tem preocupado sèriamente as autoridades de vários países tanto europeus como americanos, sobretudo depois da acentuada dissolução de costumes que a última conflagração mundial trouxe consigo.

E não há muitos meses ainda que também no nosso país, um pouco pelo contágio do receio que o fenómeno despertou nalguns meios estrangeiros, a opinião pública se interrogou inquieta sobre as proporções e o alcance exactos de alguns actos condenáveis de grupos de jovens, a que a imprensa se referiu em vários pontos da metrópole.

Sabe-se, porém, que nos próprios países europeus onde a vida de certos sectores da juventude é, na verdade, mais desregrada, os serviços especializados se apressaram a reduzir às suas justas proporções as notícias vindas a público, para mostrar que não era inteiramente fundado o estado de alarme criado à volta do problema em certos sectores de opinião.

Igual prevenção poderiam subscrever, com maioria de razão, os serviços nacionais da especialidade, visto que nenhum dos desmandos entre nós registados assumiu a gravidade dos casos mais impressionantes ocorridos na França, na Inglaterra ou na Itália, nem o volume das ocorrências apuradas permitiu sequer concluir por um agravamento da delinquência ou da indisciplina entre as camadas jovens. O número dos internados nos estabelecimentos jurisdicionais de menores, por onde consabidamente passam os casos mais graves de comportamento anti-social, tem inclusivamente diminuído nos últimos anos e em quase todos eles se exprime por cifras bastante inferiores à sua lotação normal[2].

O que justamente alarmou a opinião pública foi a circunstância de tanto em Portugal como principalmente nos países estrangeiros os autores das proezas verificadas provirem de camadas sociais que habitualmente não forneciam qualquer contingente para a delinquência juvenil.

E é precisamente nesse ponto que o problema pode necessitar de mais demorada reflexão.

3. O despovoamento dos meios rurais e o movimento de afluxo aos grandes centros urbanos, onde o perigo de desorientação da gente nova é incomparàvelmente maior, revelam-se cada vez mais intensos. Boa parte dos homens que hoje rondam a casa dos cinquenta e constituem figuras gradas na política, na administração, no comércio, na banca ou no jornalismo das nossas duas grandes cidades nasceu na província e pôde tranquilamente receber a sua austera educação na pacatez dos meios onde gozou toda ou parte da mocidade. Mas os filhos e os netos destes homens conheceram já nas duas capitais ou nas respectivas zonas suburbanas um mundo de infância muito diferente e é o mesmo acervo de insidiosas solicitações que neles vem encontrar muita da juventude indefesa que constantemente troca a vida dura do campo pela excitação do ambiente fabril ou pela segurança da repartição citadina.

Um dos instrumentos mais eficazes de reacção contra o amolecimento moral criado pelos grandes meios é, sem dúvida, a conveniente formação religiosa da juventude. E quem se contentar, na análise dos fenómenos

[2] Vão adiante publicados dois mapas estatísticos.

sociais, com as primeiras aparências da realidade, decerto rejubilará com o panorama que sob esse aspecto os novos tempos oferecem.

Em todas as missas, os templos das grandes cidades regorgitam de fiéis que procuram cumprir o preceito dominical e mal cabem no espaço acanhado das nossas igrejas.

Mas as autoridades eclesiásticas sabem que, a despeito da grande falta de clero com que lutam para acudir às necessidades presentes do múnus sacerdotal, a percentagem dos que frequentam a Igreja e sobretudo os sacramentos não é brilhante, em face do sensível acréscimo da população.

E não faltará mesmo quem acrescente que a formação de muitos dos que cumprem o preceito não passa dum catolicismo de superfície, domingueiro, aburguesado, menos perigoso do que esse luteranismo larvado dos tempos modernos que por aí tentou germinar sob a aliciante designação de progressismo católico, mas carregado de riscos como tudo quanto é fraco de sua natureza.

4. Mais perigosa, no entanto, do que a carência duma sólida formação religiosa é, no que toca ao problema da delinquência juvenil, a crescente desagregação da vida familiar que se observa nos grandes centros populacionais.

A ausência prolongada do pai imposta pela grande distância que medeia entre casa e o local de trabalho, o labor feminino fora do lar e a intensa vida de sociedade a que muitas famílias consagram todo o tempo disponível prejudicam enormemente o conhecimento e a afeição recíproca que é essencial ao pátrio poder e deixam os jovens durante largas hora em cada dia livre e perigosamente entregues às tentações da rua ou abandonados às fraquezas da própria carne.

Por outro lado, começa a observar-se com frequência em certas camadas um fenómeno inverso daquele a que alguns sociólogos chamaram a capilaridade social.

As sociedades liberais orgulham-se, com certa razão, dos numerosos exemplos de homens que, nascendo embora de modesta condição, ascendem pelos seus próprios méritos aos mais altos postos da vida económica, política ou financeira da colectividade.

Nota-se agora, em contrapartida, que os filhos de boas famílias são em muitos casos vítimas, por um lado, da intensa vida social em que os pais precocemente os envolvem, e, por outro lado, do clima artificial de facilidades que os explicadores, os preceptores, os professores privativos acabam por criar no seu espírito. Muitos deles, surpreendidos com a primeira dificuldade que a vida lhes oferece, não habituados a lutar contra a adversidade, cedo soçobram muitas vezes nos próprios estudos e não conseguem preencher as posições que os pais, a golpes de trabalho ou de audácia, souberam conquistar e gostariam de lhes transmitir.

Este fenómeno de regressão social, com todos os recalcamentos e sentimentos de revolta que necessàriamente fomentará no espírito de muitos, há-de mais tarde ou mais cedo converter-se num factor de rebeldia e de indisciplina social, a que cumprirá estar atento.

5. Para sermos justos, temos entretanto de reconhecer também que nem tudo é escuro na paisagem que o futuro oferece à nossa contemplação, nem nos é lícito esquecer que entre a perfeição moral para que apontam as páginas luminosas do Evangelho e as formas de comportamento anti-social que desencadeiam o funcionamento das instituições jurisdicionais de menores vai uma distância apreciável, na qual várias zonas de conduta se podem inscrever.

Há efectivamente que contar, no lado positivo das realidades humanas que interessam ao problema dentro das coordenadas do nosso país, com a boa formação moral do comum da nossa gente e com a extraordinária afectividade do português.

Nos próprios meios onde a delinquência juvenil recruta actualmente maior número de agentes, não raro se encontram, ao lado de misérias morais sem nome, exemplos comoventes de solidariedade humana, actos sublimes de renúncia ou de sacrifício pessoal que excedem o que é comum em classes de mais elevada educação.

As considerações de fundo menos optimista anteriormente expostas constituem apenas, neste momento, um apelo feito às entidades responsáveis, aos pais sobretudo, e constituirão para os nossos serviços uma simples indicação do sentido em que, a evoluírem os factos dentro do condicionalismo descrito, cumprirá orientar as instituições de reeducação da juventude.

Antes, porém, de preparar os serviços em função das necessidades previsíveis do futuro, importa naturalmente fixar os termos do seu funcionamento em face das exigências do presente.

6. Simplesmente, dentro do estreito lapso de tempo em que me é lícito ocupar a atenção de Vossas Excelências, não é possível aflorar sequer os vários aspectos em que se desdobra a tarefa de reeducação confiada aos serviços.

Teremos, por isso, de nos cingir a um só aspecto da sua actividade, precisamente um dos que maior importância pode revestir na efectiva recuperação social dos internados.

Trata-se da questão do ensino profissional. A crescente atracção que a cidade, e com a cidade a indústria, exercem não apenas sobre os naturais, mas sobre os próprios rapazes e raparigas provenientes dos meios rurais reflecte-se poderosamente na escolha das profissões que os internados desejariam realizar.

Os rapazes querem ser no geral serralheiros, mecânicos, tipógrafos ou electricistas, as raparigas pretendem, por sua vez, ser enfermeiras, dactilógrafas ou operárias fabris.

Há evidentemente nesta opção a influência palpável duma evolução fatal da economia portuguesa.

Mas uma coisa é o conhecimento dum fenómeno social que se regista, a determinação da maior ou menor força com que certos elementos dentro dele se desenvolvem e outra coisa, muito distinta, é o juízo de valor que ele suscita e interessa a quem se interroga sobre se convém contrariar ou estimular pelo contrário o livre desenvolvimento dos factores que o condicionam.

Ora, cumpre reconhecer, por um lado, que o movimento de progressiva industrialização que se está a processar no país exige um acentuado aperfeiçoamento da mão-de-obra nacional – exigência que nìtidamente vemos reflectida aliás no apreciável incremento que teve o ensino técnico nestes últimos anos.

Por outro lado, importa ter presente que muitos dos internados – e principalmente das internadas em que mais fortemente pesam as taras de carácter sexual – acusam um baixo índice de aptidões intelectuais, o que torna em vários casos desaconselhável o seu emprego, senão em todas, pelo menos em muitas das tarefas industriais.

Por último, há que pensar também na necessidade social e nas vantagens pessoais de fixação de gente nos meios rurais – necessidade que poderosamente se faz sentir já na crise de mão-de-obra experimentada a cada passo pela lavoura de algumas regiões do norte do país, onde não é possível ou não é fácil a mecanização dos trabalhos agrícolas.

Dir-se-á que ao Estado não deve ser lícito, dentro dos princípios assentes nos textos fundamentais, coarctar o direito de livre escolha da profissão que cada um pretenda abraçar.

Como quer que seja, porém, quanto aos que se achem em condições de, por si, livremente orientarem a sua carreira profissional, que não seja o próprio Estado quem auxilie os internados a evadir-se dos meios onde mais fàcilmente possam encontrar a sua felicidade e onde socialmente mais úteis são ou quem os iluda ou os não desengane da sua inaptidão para o mister profissional que precipitadamente quiseram eleger como seu meio de vida.

7. A tarefa que as abnegadas Irmãs do Bom Pastor são chamadas a continuar nestas novas instalações é acima de tudo uma obra de permanente devoção – a exigir uma dádiva total do coração.

Mas é também, como logo se conclui das simples considerações expostas sobre o ensino profissional das internadas e fàcilmente se poderia concluir ainda da análise de outros problemas, obra do foro da inteligência.

Quando reflectimos, aliás, não apenas sobre a escassez dos recursos nacionais em face das crescentes tarefas que as circunstâncias impõem aos portugueses, mas principalmente sobre a progressiva interdependência que no mundo moderno liga os mais distantes fenómenos sociais e ainda sobre a terrível acuidade dos problemas postos à comunidade lusitana, cada vez mais nos persuadimos de que, sendo necessário caminhar com coragem, menos importante não é agir com reflexão e serenidade.

Uma solução precipitada ou uma orientação mal definida poderão em quaisquer circunstâncias ser fonte de dificuldades para o país; mas podem, no momento singular que o mundo atravessa, ser funestas para o desenvolvimento ou para a sobrevivência da nação.

Nós havemos de triunfar das dificuldades, porque o coração no-lo pede; mas havemos de fazer entretanto um apelo continuado à nossa inteligência, para que nos ilumine o caminho a seguir e para que torne firme e perseverante a nossa vontade de vencer.

TOTAL DOS INTERNADOS EM ESTABELECIMENTOS JURISDICIONAIS DE MENORES

(a)

	Lotação	1955	1956	1957	1958	1959	1960 (b)
Refúgio do Tribunal Central de Menores de Lisboa	235	285	328	378	352	238	158
Refúgio do Tribunal Central de Menores do Porto	250	174	219	218	241	201	187
Refúgio do Tribunal Central de Menores de Coimbra	95	51	67	63	53	50	46
Reformatório Central de Lisboa Padre António de Oliveira	270	204	202	207	191	205	211
Escola Profissional de Santa Clara	150	147	149	141	144	139	143
Reformatório Central de S. Fiel	300	264	265	267	257	211	200
Reformatório da Guarda	80	75	74	79	73	62	52
Colónia Correccional de Vila Fernando	250	185	168	180	175	177	160
Colónia Correccional de Izeda	90	65	59	51	49	54	45
Reformatório de Lisboa (sexo feminino)	100	75	72	66	66	55	60
Instituto de S. José	100	100	93	90	95	86	95
Instituto Corpus Christi	150	151	138	141	149	120	126
Colónia Correccional de S. Bernardino	90	77	77	79	51	49	39
Total	**2 160**	**1 853**	**1 911**	**1 960**	**1 896**	**1 647**	**1 522**

(a) Estes números referem-se a 31 de Dezembro do respectivo ano.

(b) Os números de 1960 referem-se a 30 de Setembro.

MENORES JULGADOS PELOS TRIBUNAIS DE MENORES (a)

	Crimes			Transgressões			Indisciplina			Perigo Moral			Total Geral		
Anos	M	F	Total	M	F	Total	M	F	Total	M	F	Total	M	F	M F
1948	851	213	1 064	135	34	167	131	48	179	108	110	218	1225	403	1 628
1950	985	230	1 215	255	84	339	173	146	319	130	140	270	1 543	600	2 143
1951	961	263	1 224	274	91	365	141	99	240	134	178	312	1 510	631	2 141
1952	1 166	327	1 493	248	82	330	213	105	318	179	245	424	1 806	759	2 565
1953	944	205	1 149	272	56	328	176	120	296	166	245	411	1 558	626	2 184
1954	905	262	1 167	279	94	373	245	116	361	164	215	379	1 593	687	2 280
1956	1 207	314	1 521	199	59	258	157	106	263	192	254	446	1 755	733	2 488
1958	960	215	1 175	362	66	428	203	106	309	235	317	552	1 760	704	2 464
Totais	7 979	2 029	10 008	2 024	564	2 588	1 439	846	2 285	1 308	1 704	3 012	12 750	5 143	17 893

(a) Dados estatísticos extraídos da Estatística Judiciária – anos de 1948, 1950, 1951, 1952, 1953, 1954, 1956 e 1958.

DISCURSO DE ANTUNES VARELA,
DE 30 DE ABRIL DE 1961, RIO MAIOR

BOLETIM DO MINISTÉRIO DA JUSTIÇA, N.º 106
MAIO – 1961

MINHAS SENHORAS
MEUS SENHORES[1]

1. Com a cerimónia a que tenho a honra de presidir, inicia o Ministério da Justiça um novo ciclo de inaugurações que se estende a várias comarcas do país.

Esta fase de obras comparticipadas pelo Estado, correspondente ao ano de 1961, compreende ainda os tribunais de Vila Nova de Famalicão (onde ao mesmo tempo são inauguradas as novas residências para magistrados), da Figueira da Foz, de Celorico da Beira, de Cantanhede, de Cabeceiras de Basto, de Faro e vai por fim culminar com o Palácio de Justiça do Porto – edifício de sumptuosa traça arquitectónica, cuja construção foi tècnicamente orientada por um departamento das Obras Públicas e inteiramente custeada com verbas do Ministério da Justiça.

A circunstância de as primeiras instalações em cuja inauguração o Ministério este ano toma parte se destinarem a uma comarca de 3.ª classe revela só por si, a quem não ignore os critérios de prioridade a que obedece a distribuição do auxílio financeiro do Estado aos municípios interessados, o grau de avanço que já neste momento atingiu a execução do programa geral de renovação das instalações dos serviços de justiça.

Se abstrairmos das construções prisionais, cujos encargos não correm por conta de disponibilidades do Ministério, pode, efectivamente, asseverar-se que quase todas as situações de verdadeira necessidade de substituição de

[1] Discurso proferido por Sua Excelência o Ministro da Justiça, na inauguração do Tribunal Judicial de Rio Maior, em 30 de Abril de 1961.

instalações, por manifesta insuficiência das que actualmente são afectadas aos serviços, estão já solucionadas ou em vias de solução. E se o processamento de algumas delas – a principiar pelo caso mais saliente da comarca de Lisboa – não tem caminhado com a brevidade que as circunstâncias impunham, pode ainda acrescentar-se que os atrasos registados se não devem no geral nem a incúria dos nossos serviços nem a dificuldades de qualquer ordem que hajam sido criadas pelo Ministério da Justiça.

É certo que se encontram ainda pendentes no Ministério vários pedidos de comparticipação do Estado para a construção de novas instalações; mas não é menos certo que a necessidade invocada na generalidade dessas pretensões não provém tanto da precaridade das instalações actuais como do intuito de afectar a outros serviços públicos – em regra os próprios serviços camarários – as dependências ocupadas pelas repartições de justiça.

Ora, julgo desnecessário apreciar a legitimidade de semelhantes pretensões, à luz das dificuldades com que reconhecidamente se debatem muitos dos nossos municípios, por motivos que as mais das vezes lhes não serão imputáveis. O que está em causa, para além duma indagação histórica que levaria demasiado longe, é um simples problema de graduação de interesses, uma vez que a solução das dificuldades postas ao Governo, através da via que mais parece convir aos municípios, implicaria o sacrifício de certas providências que em larga medida importam à boa administração da justiça.

2. O Ministério da Justiça não pode, na verdade, quanto aos princípios que regem superiormente a sua actividade, funcionar como uma peça solta ou desarticulada do nosso sistema administrativo. As linhas fundamentais da orientação que lhe cumpre seguir hão-de naturalmente subordinar-se às limitações impostas pelo momento grave que o país atravessa, não apenas à administração, mas a toda a vida nacional.

Raras vezes como hoje se tornou necessário que a nação compreenda e sinta as dificuldades da hora presente, embora sem perder entretanto nem a serenidade indispensável para traçar o rumo que melhor convém à legítima defesa dos seus interesses nem o ânimo para suportar as provações exigidas pela vitória que está ao alcance das nossas forças.

Uma coisa é, na verdade, a agitação estéril, a intranquilidade contagiosa, prenhe de inibições, o clima de medo que as forças da subversão procuram criminosamente criar na população à custa da exploração deformada das realidades e que devemos reprimir por todos os meios à nossa disposição. E outra é a necessidade imperiosa de não ignorar nem subestimar os perigos que nos cercam, corrigindo os nossos métodos em tudo quanto se mostre necessário para definitivamente os esconjurar ou modificando o nosso ritmo de trabalho a fim de evitar que outros males se venham sobrepor aos riscos que estamos empenhados em combater.

São duas as frentes em que neste período, com uma acuidade que dificilmente encontra paralelo nos anais da história pátria, se jogam os destinos da comunidade nacional.

A primeira compreende todas as províncias ultramarinas, cujo devir se acha solidàriamente preso ao da metrópole por laços tão fortes de sangue e de cultura, de história e de trabalho em comum que só por cegueira ou má fé outros poderão ignorar ou não compreender no seu exacto valor.

3. Mas principiemos por aí.

É francamente desolador o panorama que oferece a política adoptada pelas potências responsáveis quanto ao espaço africano, no qual geogràficamente se integram os territórios ultramarinos portugueses.

Em lugar de colocarem os capitais, a técnica e a experiência de que dispõem ao serviço dos povos que por evolução natural da sua estrutura política e com base num autêntico e amplo escol de dirigentes fundadamente fossem ascendendo à independência, as grandes potências parecem antes apostadas em apoiar e em propagar, sob a capa encobridora da chamada autodeterminação dos povos, um vasto e indiscriminado movimento racial de ódio contra o branco, que no mais importante dos seus aspectos se traduz em expulsar o europeu de todo o solo africano.

Esta atitude – interesseira ou de grosseira deformação das realidades, consoante os casos – poderá não ter outras consequências de relevo que não sejam as do próprio retrocesso ou estagnação das populações nativas nas regiões em que o branco constitua um elemento puramente adventício, que noutras zonas encontre, em caso de necessidade, o seu lugar próprio. Mas arrisca-se a representar uma verdadeira catástrofe nas sociedades multirraciais onde o branco é, desde há séculos, não apenas um elemento estável, parte integrante da estrutura política, jurídica e moral da comunidade, mas o principal condutor das várias camadas da população na conquista, lenta mas segura, dos reais benefícios do progresso e da civilização.

Se não for revista a tempo, à luz da razão e do simples bom senso, perante as autênticas realidades do mundo africano que não são as fantasias dos falsos apóstolos, a orientação definida pelas Nações Unidas, além de minar gravemente os alicerces da sua construção, acabará por transformar a África, desde a Argélia à União Sul-Africana, numa imensa fogueira, na qual o menos que se há-de perder será todo o esforço prodigioso que nas últimas dezenas de anos ali foi desenvolvido.

Todos sabem, porém, quais são as posições fundamentais que no fundo se digladiam por detrás do problema posto: a Rússia muito mais preocupada com garantir a hegemonia soviética do que em melhorar, através do comunismo, a sorte das classes trabalhadoras em África, interessada em assegurar o futuro desenvolvimento, quer da economia dos países satélites, quer indirectamente da indústria pesada moscovita e ainda em jugular definitivamente as últimas bases de resistência do continente europeu; do outro lado, a América, desejosa certamente de impedir que os novos países africanos recaiam na órbita soviética, mas desviando-se, a meu ver, do caminho realista tão auspiciosamente aberto com o plano Marshall e prosseguido com o Tratado do Atlântico Norte, e subestimando em alto grau as lições de que está repleta a história recente do Médio-Oriente.

É difícil prever de momento o desfecho que poderão vir a ter, neste jogo de competição, as condescendências sucessivas, perante um movimento puramente emocional de massas humanas sem a necessária maturidade política, em que alguns dos nossos amigos se deixaram envolver. Mas um resultado se pode ter como bastante provável no entanto: é que alguns dos novos estados africanos consigam beneficiar do clima artificial criado pela luta de interesses entre as potências inimigas para conquistarem nos anos mais próximos algumas condições de progresso material.

Haveremos naturalmente de estar atentos ao fenómeno e às inevitáveis repercussões que, a verificar-se, a situação terá, não apenas sobre a economia das nossas províncias ultramarinas, como sobre o estado de espírito das camadas mais impressionáveis e menos prevenidas da população, para acelerar quanto possível o ritmo de exploração e aproveitamento das nossas fontes de riqueza, a par do necessário aperfeiçoamento dos nossos serviços técnicos e da constante melhoria do nosso sistema de justiça social.

Creio bem que o redobrado esforço que o futuro exigirá de nós (naqueles sectores da administração em que os quadros técnicos, além de serem escassos, se não podem facilmente improvisar) há-de conduzir a um sucessivo alargamento dos serviços nacionais – aliás, a melhor forma, em certo aspecto, de conservar e fortalecer o sentimento de amor pátrio nas novas gerações.

Não é a nós, porém, mas a quem melhor conheça todos os dados dos complexos problemas ultramarinos que compete definir a orientação a seguir, nem ao Ministério caberá sequer insistir por que entre os serviços de âmbito nacional não deixem de figurar os serviços da Justiça.

Mas temos de estar prevenidos com tempo para essa possibilidade; e a prevenção compreende, antes de mais nada, a necessidade de o Ministério estar a todo o momento em condições de arcar com os encargos que semelhante orientação necessàriamente acarretaria para os serviços metropolitanos.

4. Ao mesmo tempo que, sob a força das armas, segue o seu curso o processo dos ataques insidiosos dirigidos contra a integridade nacional em África, outra luta, pacífica mas de importância igualmente decisiva para o futuro do país, se vai entretanto travando nos bastidores da economia europeia.

A Europa parece pressentir já o lugar que por direito próprio lhe competiria, ao lado das duas grandes potências que hoje comandam os destinos do Mundo – posição que de modo nenhum pode coincidir com a função agnóstica e neutralista que alguns dos novos Estados pretendem chamar a si.

Atentas, porém, as dificuldades, sobretudo de ordem política, que naturalmente suscita a organização capaz de restituir ao velho continente parte do seu primado espiritual sobre o mundo, os países do Ocidente europeu têm procurado nos arranjos mais fáceis do xadrez económico as condições essenciais, senão de progresso, ao menos de defesa do seu padrão de vida.

Dos acordos efectuados, e em que o país não poderia deixar de comparticipar, decorre até agora como efeito mais saliente a crescente liberalização do comércio com outros países, através da progressiva eliminação da protecção aduaneira.

Não será difícil calcular o esforço enorme que os compromissos assumidos exigirão de países que, como o nosso, menos preparados se achavam em determinados aspectos, por circunstâncias de ordem vária, para uma competição desta ordem de grandeza. Os prazos fixados para o termo das várias fases do desarmamento aduaneiro asseguram, segundo o parecer dos técnicos, a margem de tempo necessária para que a economia nacional se prepare eficazmente contra os sucessivos embates que a esperam, se além de não perdermos um momento sequer do período estabelecido à nossa frente, soubermos caminhar durante todo o tempo disponível com a celeridade que as circunstâncias impõem.

Ora, dentro do condicionalismo deste modo criado à vida económica do país nos anos próximos, o que mais interessa à Nação não é tanto a obra, pública ou particular, como o investimento e o índice da sua reprodutividade, será menos a instalação do que a organização das empresas, quer públicas quer privadas.

E interessa ainda, atenta a importância primordial que justificadamente ocupa nos dias de hoje o problema da justa repartição da riqueza, que, sem prejuízo da natural hierarquia social nem do papel fundamental do trabalho de quem dirige e orienta a actividade dos outros, se melhore quanto possível o padrão de vida das classes mais modestas da população – até como condição de expansão e pleno rendimento de muitas das empresas nacionais.

Se dentro do mesmo espírito transitarmos agora do sector das empresas para o domínio complementar dos serviços públicos e, dentro dos serviços, fixarmos a atenção no capítulo especial das repartições da justiça, não será difícil de justificar a obra de renovação material em curso nos casos em que a melhoria das instalações se possa considerar absolutamente essencial ao maior rendimento de serviços tão complexos e delicados como são os da administração da justiça.

Mais difícil seria, porém, legitimar o prosseguimento da campanha a situações de menor carência em detrimento de outras medidas de importância capital para o aperfeiçoamento da organização judiciária, como sejam:

A criação de novos tribunais nas zonas do país onde mais se faz sentir o desenvolvimento económico ou o acréscimo populacional; a substituição, senão de todos, pelo menos de alguns dos julgados municipais, como órgãos, reconhecidamente imperfeitos que são, de administração da justiça; a melhoria da situação económica dos escalões mais modestos do funcionalismo judiciário – problema que o Governo não tem descurado, como ainda agora ficou eloquentemente demonstrado através da alteração introduzida nos lugares inferiores do quadro das secretarias judiciais; o complemento da reforma que gradualmente tem sido levada a cabo nos serviços médico-legais; a conservação dos novos edifícios, nos casos em que para o efeito se não possa contar com os recursos dos municípios responsáveis; a construção de residências para magistrados com rendas acessíveis, inclusivamente nas cidades de Lisboa, Porto e Coimbra, onde as providências gerais sobre a habitação do funcionalismo não chegam para solucionar os aspectos específicos do alojamento familiar dos magistrados, designadamente do Ministério Público.

Se a todas estas exigências mais ou menos prementes dos serviços somarmos os pesados encargos que dentro em breve fará recair sobre o Estado a construção do Palácio de Justiça de Lisboa, a ninguém custará decerto a compreender as sérias restrições que num futuro próximo terá de sofrer a política de comparticipações do Ministério nas obras a cargo dos municípios.

5. Meus Senhores: Quando há meses foi possível fixar o dia da inauguração do Tribunal de Rio Maior, houve a intenção de o situar no domingo mais próximo do aniversário da entrada do Senhor Presidente do Conselho para o Governo da Nação. Era uma forma simples, mas expressiva, de manifestarmos o nosso reconhecimento e testemunharmos o nosso apreço ao governante a cuja sábia orientação se devem as condições essenciais para, com a preciosa colaboração de muitos, levarmos a bom termo a profunda renovação material e a extensa revisão legislativa que temos em fase adiantada de elaboração.

Mal suspeitaríamos então de que neste momento lhe teríamos de agradecer, como simples portugueses, um outro grande serviço – daqueles que tão alto se inscrevem no plano dos supremos interesses nacionais que ninguém estranhará a referência que se lhe faça dentro das paredes austeras desta sala.

Durante a última guerra, nos momentos em que a desorientação dos espíritos era mais grave, a Nação habituou-se a ouvir a voz serena do Senhor Presidente do Conselho definir, com uma lucidez admirável, a posição firme e intransigente de Portugal. O país pôde assim sair incólume dos horrores da guerra e se nunca abdicou da defesa dos seus legítimos interesses, também nunca (só Deus sabe com que riscos) traiu as suas velhas alianças e amizades, nem faltou aos mais elementares princípios de humanidade cristã para com aqueles que aqui procuraram refúgio ou protecção.

Pois foi a mesma consciência serena, à qual devemos a paz por todos usufruída de 39 a 45, que há dias nos apontou decididamente o caminho da honra e da dignidade, contra as violações da soberania nacional perpetradas em Angola e contra as atrocidades sem nome que a astúcia e o ódio do inimigo desencadearam do exterior contra a pobre gente indefesa do norte da província.

O destino das nações está muitas vezes preso das mãos dos homens que as dirigem nos grandes momentos que também a história dos pequenos povos não deixa de registar. Mas a luta que neste momento se trava em África está longe de ser um golpe ocasional, não só porque o inimigo a pode prolongar no tempo como porque a pode deslocar para outros pontos nevrálgicos do extenso território nacional.

Quando assim sucede, não bastam a clarividência nem o ânimo forte dos dirigentes para emprestarem à Nação a resistência moral de que necessita para sofrer as provações a que a Providência a pode sujeitar. É preciso que as decisões de quem comanda venham do mais fundo da consciência nacional e que as gerações presentes não renunciem facilmente à herança espiritual recebida através do sangue e da cultura dos seus maiores.

A forma como todo o país e, em especial, a martirizada população de Angola reagiu perante os recentes acontecimentos dá-nos, porém, a certeza de que todos os bons portugueses saberão manter-se unidos em torno dos interesses sagrados da pátria e que, vencida a tempestade, nós poderemos continuar em paz a tarefa de engrandecimento material e moral da Nação.

DISCURSO DE ANTUNES VARELA, DE 8 DE ABRIL DE 1962, NISA

BOLETIM DO MINISTÉRIO DA JUSTIÇA, N.º 116
MAIO – 1962

MINHAS SENHORAS
MEUS SENHORES[1]

1. Vamos hoje inaugurar, na presença das pessoas mais gradas da terra e das autoridades mais representativas do distrito, as novas instalações do tribunal de Nisa. E só quem conheceu as condições deploráveis em que funcionavam os serviços nos dois edifícios por que se repartiam o tribunal e a respectiva secretaria poderá avaliar a satisfação com que os magistrados, funcionários e advogados da comarca vêem finalmente integrada no património da Câmara esta nova e confortável Casa da Justiça.

E igual sentimento hão-de naturalmente experimentar os próprios habitantes estranhos aos serviços, não só por este como por tantos outros melhoramentos espalhados pelo concelho e por todo o distrito, a demonstrar um interesse e uma compreensão que as necessidades do Alentejo durante muito tempo não encontraram nas instâncias superiores da administração.

E é precisamente sobre as realidades da província, que certas ocorrências da política interna trouxeram ao primeiro plano das questões nacionais, que hoje, para fugir aos temas específicos da política legislativa do Ministério, me proponho fazer perante Vossas Excelências um ligeiro apontamento.

2. É bem possível que nesta divagação vá um pouco de egoísmo por parte de quem tanto desejaria gozar os breves momentos de convívio

[1] Discurso proferido por Sua Excelência o Ministro da Justiça, na cerimónia da inauguração do Tribunal de Nisa, em 8 de Abril de 1962.

com os seus comprovincianos liberto da angústia dos problemas que houve necessidade de enfrentar nas reformas legislativas em curso no departamento que dirige e de cuja resolução terá aliás de prestar contas ao país à medida que as críticas verdadeiramente responsáveis forem vindo a público.

Mas posso entretanto asseverar que ao facto não é estranha a consciência do papel fundamental que, por direito próprio, compete aos juristas e aos serviços, que legitìmamente os representam, tanto na preparação como na própria execução das reformas económicas ou sociais que mais fàcilmente podem atingir os direitos ou os legítimos interesses dos particulares, se quisermos garantir a defesa dos princípios essenciais da ordem jurídica estabelecida e poupar o país à perturbação e à desordem a que é capaz de o conduzir a apreciação puramente técnica de questões que são, sob múltiplos aspectos, de natureza acentuadamente política e social.

E outras razões especiais – essas, mais do foro do coração do que do domínio da inteligência – nos levam a sacrificar de bom grado o tema próprio da cerimónia, já devidamente exaltado aliás nas palavras eloquentes dos oradores que nos antecederam, às questões que no momento mais interessam, não só a Nisa, mas à vasta região em que o concelho se integra.

Sempre que falo de Nisa, imediatamente acode, na verdade, ao meu pensamento a lembrança do nobre varão que foi D. António Lobo da Silveira e da magnífica obra de caridade que na vila ficou a perpetuar o nome de quem, por amor ao próximo, ainda em vida se desfez de quase todos os seus bens materiais. E muitas vezes tenho recordado também os momentos bem gratos ao meu espírito que há poucos anos tive o privilégio de viver convosco, no dia da inauguração do hospital sub-regional, quando, em impressionante manifestação de puro bairrismo e de verdadeira caridade cristã, os sócios da casa de espectáculos de Nisa fizeram doação das suas quotas à Santa Casa da Misericórdia local.

Perante exemplos desta ordem, a que outros poderiam felizmente ser aditados, não é difícil compreender a diferença de ambiente social que o observador menos prevenido logo nota entre Nisa e outras povoações do Alentejo e é fácil explicar a acção frutuosa que o escol dirigente da vila tem sabido exercer junto dos seus conterrâneos.

Nisa tem tido, com efeito, a felicidade de ver à testa das instituições locais homens de sólida formação cristã e que sendo desde sempre, sem respeitos humanos, católicos praticantes, não são daqueles – como diria o povo, na sua expressiva linguagem – que apenas sabem bater com a mão no peito. Fazem mais do que isso, na medida em que conhecem os preceitos essenciais do Evangelho e sabem ser coerentes com a doutrina que professam. Mas ao mesmo tempo que impressiona o exemplo edificante deste punhado de homens bons, não deixa de chocar por contraste a acção negativa de alguns homens abastados que noutros concelhos do Alentejo e do Ribatejo são em grande parte responsáveis, mercê do mau uso que têm feito da riqueza, pelas manchas escuras que o comunismo conseguiu projectar sobre estas zonas do país, aproveitando a ingénua boa fé e a extrema pobreza da nossa gente dos campos.

É a mentalidade materialista e aburguesada que grassa ainda em muitos meios e se mostra, não só impermeável às verdades eternas do Evangelho e à doutrina avisada das encíclicas relativas à questão social, como insensível ao fundo de justiça latente na agitação que hoje percorre grande parte do Mundo.

3. Não faltará certamente quem estranhe que seja um membro do Governo a fazer alusão pública a este condicionalismo, quando ao próprio Governo, segundo muitos afirmam, incumbe tomar as providências necessárias para extirpar as raízes do mal e melhorar, designadamente, a precária situação do homem que lavra e cava a terra.

Julgo, porém, não ser difícil responder que a eliminação de muitos dos vícios observáveis à simples vista desarmada exige uma profunda revolução moral que excede em larga medida, dentro das coordenadas políticas aceites pelo regime, a acção limitada do Estado e que o governo, não tendo certamente feito tudo quanto está ao alcance dos órgãos da administração, alguma coisa fez já e muito mais está sèriamente disposto a fazer com vista à solução do grave problema económico-social do Alentejo.

A primeira intervenção séria, de certo vulto, que importa registar nesse domínio é a dos trabalhos públicos destinados a ocupar a mão-de-obra rural durante os períodos de crise cíclica próprios do regime de monocultura cerealífera que se estende a grandes zonas do país.

Trata-se, é certo, duma solução necessàriamente limitada, quer pelas fontes específicas do seu financiamento, quer pela natureza dos empreendimentos a que foi afectada, e à qual não será inclusivamente difícil apontar o grave senão de combater os simples efeitos e não, como melhor conviria à justa equação do problema, as causas dos vícios que interessava debelar.

Mas seria grave injustiça não inscrever no activo do seu balanço, além do benefício imediato da ocupação de largas centenas senão de milhares de braços doutro modo inactivos, a longa teoria de melhoramentos que, sobretudo no domínio das ligações rodoviárias, a província veio a alcançar e que são hoje parte valiosa da infra-estrutura de que carecia toda a economia da região.

Mais promissora, porém, sob vários aspectos, do que esta solução intermitente e dispersa dos trabalhos públicos, pelos poderosos reflexos que é capaz de vir a ter, embora a longo prazo, na vida económica e social da nação, é o projectado plano de rega do Alentejo.

Empreendimento caro e ousado, o plano de rega compensará certamente os dinheiros gastos na sua preparação e previstos para a sua execução se a tempo soubermos realizar os estudos cuja falta foi oportunamente assinalada no parecer da Câmara Corporativa. Se os técnicos souberem tirar da rega o aumento de produtividade que a água é susceptível de criar em certas terras e se, ao mesmo tempo, for possível estender ao pobre trabalhador rural as medidas de protecção relativas a salários, garantia de pleno emprego, férias pagas, assistência e previdência, em termos equivalentes ou equiparáveis, pelo menos, aos que vigoram para o trabalhador ligado às empresas industriais e comerciais, certamente o governo terá criado as primeiras das condições essenciais a um programa válido de colonização interna.

Tenho notado, no entanto, que em torno dos problemas da chamada reforma agrária, que tanto interessa à reforma do Código Civil no capítulo dos direitos reais, se têm acumulado no espírito do público, ao longo destes últimos meses, muitas ideias falsas. O facto não teria importância de maior nem mereceria as honras de um comentário público se a generalização dos erros cometidos não fosse susceptível de criar no país um clima de desconfiança e de prevenção que não é certamente o mais propício à realização das justas medidas que o Governo tem o imperioso dever de estudar e promover.

Não falta, em primeiro lugar, quem, depois de autonomizar perigosamente a chamada colonização interna do problema económico-social mais vasto em que ela se deve integrar, pareça reduzir os termos essenciais da colonização à questão do parcelamento da propriedade rústica.

Como também não falta quem, descarregando sobre a defeituosa estrutura agrária da província a origem das piores dificuldades de que sofre a lavoura alentejana e reduzindo o parcelamento às proporções de uma simples operação paralela ao emparcelamento da propriedade rústica, pareça ver na divisão correctiva das terras, a cargo dos agentes do Estado, uma espécie de panaceia para todos os males diagnosticados à vida económica e social da zona meridional do país.

4. A mim parece-me, no entanto, não ser possível assentar as traves mestras dum programa válido de colonização interna sem definir prèviamente, com inteira precisão, o esquema das soluções correspondentes ao complexo problema económico-social de toda a região transtagana ou, mais concretamente ainda, sem sabermos com alguma aproximação o número de braços que a agricultura é capaz de absorver e qual o destino a dar ao excesso da população activa que hoje onera esse sector da economia nacional.

E não basta planear as soluções num dado momento, como se a vida parasse até a perfeita consumação dos esquemas traçados.

É necessário instituir também os meios destinados a adaptar os planos fixados à constante flutuação das realidades políticas, económicas e sociais, não só do país, mas das grandes associações em que Portugal se integra.

Vistas as coisas sob esta perspectiva mais ampla, que parece ser a única susceptível de garantir a necessária articulação dos problemas, a colonização é uma só das várias empresas a que simultâneamente a administração necessita de meter ombros, embora se lhe não possa negar uma importância capital no conjunto de providências de que faz parte.

Por outro lado, é certo que ninguém, senão por obscuro conservantismo, ousará negar os defeitos da estrutura agrária do Alentejo, tal como ninguém ignora a diferença gritante que existe nesse aspecto entre o sul e as regiões nortenhas do país, sem embargo das correcções que é necessário introduzir nos dados estatísticos relativos a estas últimas pelos abusos a que durante muito tempo se prestou a matéria das inscrições matriciais.

Mas – sem querer aludir já ao carácter discriminatório que pode ter, em relação à propriedade rústica, o princípio da expropriação como condição do parcelamento, nem às dificuldades teóricas que os juristas venham a encontrar para taxar de utilidade pública uma transmissão de propriedade que sistemàticamente se opera, no fundo, de um particular para outro simples particular – o que importa principalmente acentuar é que não basta facultar em tese o acesso de alguns proletários ao domínio da terra para garantir a fruição normal da propriedade.

O aforamento garantia fàcilmente a consecução desse objectivo essencial, graças ao montante relativamente módico do foro e à lenta capitalização que facultava ao enfiteuta com vista à própria remição do foro, a par da criteriosa distribuição de poderes que, ao contrário do arrendamento, estabelecia entre os dois interessados na exploração do prédio.

Os termos, porém, em que o parcelamento abre o acesso à propriedade a quem de nenhuns meios dispõe pràticamente para a adquirir, arriscam-se ou a converter a medida numa solução dificilmente comportável para o Tesouro, quando realizada a uma escala aceitável, ou a criar, pelo jogo de dependências económicas que a operação é capaz de fomentar a longo prazo, uma intervenção excessiva, perigosa e duradoura dos agentes do Estado na estrutura económica e social duma província profundamente refractária às intervenções abusivas da administração.

Só a plena consciência das dificuldades enunciadas e de tantas outras, que por brevidade se omitem, explica e justifica a demora das providências relativas a uma série de problemas que o Governo e a Assembleia Nacional estão decididamente empenhados em solucionar.

E se o propósito de intervir na matéria não pode deixar de ser grato a todos os que conhecem de perto os graves defeitos da situação presente, também a preocupação de decidir com acerto, ainda que à custa de algum tempo mais, não será indiferente aos homens do direito, a quem não interessará apenas a correcta aplicação das leis vigentes, mas a justiça nas relações que as normas visam regular, e para os quais sempre foi preferível ao arbítrio dos homens ou à equidade dos julgadores, mesmo dos mais avisados, a segurança dos princípios consagrados nas tábuas fixas da lei.

DISCURSO DE ANTUNES VARELA,
DE 27 DE ABRIL DE 1965, SANTA COMBA DÃO

BOLETIM DO MINISTÉRIO DA JUSTIÇA, N.º 146
MAIO – 1965

SENHOR PRESIDENTE DA REPÚBLICA
MINHAS SENHORAS. MEUS SENHORES[1]

As antigas instalações do tribunal e cadeia de Santa Comba Dão

1. Quando em 1957 me desloquei a Santa Comba Dão a fim de verificar com os próprios olhos as condições deploráveis em que estariam a funcionar os serviços judiciais da comarca, já a minha sensibilidade estava de há muito couraçada com o escudo da experiência contra a surpresa dolorosa em que repetidas vezes o cultor teórico do direito haveria de cair perante as mazelas graves de muitas das nossas instalações.

Assim mesmo, e em despeito da prevenção especial criada no meu espírito pelo simples relato de juízes e inspectores, recordo-me de ter ficado deveras impressionado com o espectáculo que presenciei.

Os adjectivos em regra utilizados para definirem, com inegável propriedade, a desproporção que na generalidade das comarcas se notava entre a área e natureza das dependências ou a qualidade do mobiliário entregue às repartições de justiça e as exigências próprias da actividade jurisdicional, como fossem os termos *insuficiente*, *precário* ou outros sinónimos de igual força, seriam no caso especial de Santa Comba Dão de todo em todo inapropriados para dar ao leitor uma pálida ideia da realidade.

Naquele velho casarão onde em tempos parece ter funcionado o cinema local, que a Câmara adquirira havia mais de trinta anos para nele fazer obras

[1] Discurso proferido por Sua Excelência o Ministro da Justiça na inauguração do Tribunal Judicial de Santa Comba Dão, em 27 de Abril de 1965.

muito sumárias de adaptação, quase tudo era pequeno, acanhado, tosco, sombrio nalguns recantos, havia lacunas insupríveis, madeiramento lurado do caruncho, o aspecto das salas e do mobiliário era de extrema pobreza, com aparência de miséria nalguns serviços, e até os acessos eram difíceis e não tinham a menor dignidade.

Para cúmulo, não só os gabinetes dos magistrados como a sala de audiências ficavam situados por cima de duas das camaratas em que funciona a cadeia comarcã; e como as instalações sanitárias da cadeia, separadas por incompletos tabiques das lúgubres masmorras em que comiam e dormiam os presos, carecessem de ventilação capaz, não será necessário dar grandes tratos à imaginação para reconstruir o ambiente em que o tribunal, e os magistrados de modo especial, eram forçados a trabalhar, mormente nos dias mais quentes dos meses de Junho e Julho.

Que o digam por mim – e algumas vezes o disseram, com efeito – os juízes e delegados que durante os anos mais recentes prestaram serviço na comarca.

O pavimento do antigo solar onde se instalou a parte principal da cadeia está quase ao nível da rua, e porque os gradões das janelas descem bastante abaixo na parede, tanto interior como exteriormente, o público estava em contacto quase directo e permanente com os presos ali recolhidos, que desta forma podiam estadear livremente, de manhã à noite, com as misérias físicas de alguns, as chagas morais de quase todos.

Assim a justiça foi administrada ao longo de muitos anos nesta vila de Santa Comba Dão, cabeça de comarca elevada à 2.ª classe, centro judicial aglutinante de três concelhos cuja população total já hoje deve orçar por muito perto das cinquenta mil almas!

O Doutor Salazar, nascido a dois passos da povoação, sem nunca ter perdido o contacto com a terra, decerto não ignorava a situação bem pouco brilhante em que os serviços se encontravam instalados, e ninguém duvida que acompanhasse com o interesse merecido as diversas fases do movimento de renovação estimulado, mais que patrocinado, pelo Ministério da Justiça e que já nesse ano de 57 se estendia a um número apreciável de comarcas distribuídas pelas diferentes regiões do país.

Todavia, nunca o Presidente do Conselho deixara cair em conversa com o Ministro da Justiça uma palavra sequer que, de perto ou de longe, directa ou só veladamente, envolvesse uma alusão ao caso particular do seu concelho natal.

Essa atitude de reserva não constitui de modo nenhum sinal de menos apreço pelo desenvolvimento da campanha destinada a valorizar a administração da justiça e a dignificar o exercício da função jurisdicional, nem traduz sombra de desinteresse pelo progresso material ou moral de Santa Comba, como mais adiante pudemos verificá-lo, depois que as entidades competentes decidiram construir o novo tribunal e conseguiram solucionar a contento, mercê da intervenção inteligente e decisiva do titular da pasta das Obras Públicas, a questão preliminar da implantação do novo edifício.

O escrúpulo do Presidente do Conselho – próprio do mestre que, além de esclarecido, é pessoa isenta e desapaixonada – havemos de filiá-lo antes na ideia fortemente radicada no seu espírito de que, na prática como na teoria, nas pequenas obras como nas grandes realizações, nunca o esquema das soluções traçadas com critério objectivo à escala das realidades nacionais há-de ser sacrificado à pressão dos meros interesses particulares, por mais respeitáveis que estes sejam, nem ao jogo das puras influências de carácter local ou regional, seja qual for o plano em que essas forças perturbadoras possam actuar.

Esta sobreposição efectiva dos fins próprios da nação aos objectivos parcelares dos grupos ou dos indivíduos, situados em plano inferior na estrutura hierárquica do corpo social, é uma das mais fecundas constantes de toda a acção política, e bem merece ser aqui posta em devido relevo pela influência salutar que pode ter na própria formação ética do jurista.

Salazar e o nacionalismo português

2. O país deve desde há muito ao Doutor Salazar, nos vários sectores da vida pública e na própria esfera privada de cada um de nós, uma obra imensa em extensão, e séria pela profundidade dos seus efeitos; este acervo de realizações, mesmo despidas do condicionalismo adverso que tantas vezes as rodeou e abstracção feita da projecção que hão-de ter no futuro, bastaria por si para guindar o autor às supremas alturas da galeria em que a mão serena, imparcial da história inscreveu aqueles grandes vultos que, como o Infante de Sagres, um Dom João II, um Nun´Álvares ou um Afonso de Albuquerque, melhor souberam auscultar os anseios da nação, e dar-lhes execução prática, através dos seus mais de oito séculos de existência.

Logo no período inicial da sua acção governativa, começou por dominar a desordem crónica do orçamento e da conta geral do Estado, conseguiu sustar o descalabro da moeda e, com a estabilização monetária, evitar que a nossa débil economia resvalasse no precipício em que corria o risco sério de afundar-se, restabeleceu pouco a pouco a confiança do público no Tesouro, reconquistou o prestígio externo sèriamente abalado pela grave instabilidade do poder, e lançou ao mesmo passo, com mão firme, as bases metódicas do equilíbrio financeiro que permitiu à administração meter ombros mais tarde a planos de grandes realizações materiais, enquanto a nação resistia vitoriosa a todas as dificuldades que as perigosas convulsões do mundo moderno iam criando à nossa volta.

Devido ao prestígio excepcional que, numa época difícil, a gerência das finanças lhe granjeou dentro e fora do país, foi volvidos poucos anos chamado à presidência do Conselho, e a sua forte personalidade passou desde então a ter influência, não só poderosa mas directa, em todos os aspectos importantes da verdadeira revolução, de princípios e de métodos, que gradualmente se processou na vida política, económica e social da colectividade.

Chamando a si algumas vezes as pastas de maior responsabilidade nos momentos de crise mais aguda que a Europa e o país defrontaram, acompanhando com especial assiduidade os problemas de maior delicadeza nos departamentos que lhe não estavam directamente confiados, o Presidente do Conselho passou a orientar ao mesmo tempo, e a estimular através duma actividade infatigável, quer em conselhos de ministros, quer em sessões restritas de trabalho com os membros do governo ou outras entidades qualificadas, todas as iniciativas que ao calor das novas ideias foram despertando nos múltiplos sectores da governação.

Distinguindo com rara precisão entre o acessório e o essencial, entre o que na vida é permanente e o que de natureza é transitório ou acidental; conseguindo num primeiro contacto com os problemas apreender a verdadeira substância dos interesses em jogo e separar dela a jaça impura das paixões que deformam os seus contornos; sabendo definir como ninguém os termos fundamentais duma questão ou traçar as linhas mestras da respectiva solução; dominando a ligação dos diferentes factores da vida social e a forma como uns e outros se articulam no quadro das realidades; subindo sem o menor esforço do particularismo das situações concretas em que muitos se deixam enlear ao plano superior das ideias, para em seguida, com a mesma facilidade e rapidez, descer das alturas das grandes sínteses aos pormenores mais triviais das ocorrências mais singelas; conhecedor profundo dos homens, do valor das instituições, e também das vaidades, despeitos e fraquezas humanas; espírito atento a todos os ensinamentos da história mas sempre apoiado no esforço da sua própria reflexão, o Doutor Salazar e a sua palavra autorizada converteram-se para todos numa luz que ilumina sempre a verdadeira face das coisas, e a sua experiência no guia seguro que permitiu evitar, nos empreendimentos mais ousados, muitos dos escolhos em que as melhores intenções poderiam ter naufragado.

Incapaz de violentar a consciência de quem quer que seja, sem jamais coartar a liberdade de acção necessária ao governante consciente das suas responsabilidades, ele tem o raro condão de saber estimular os tímidos, encorajar os mais fracos e hesitantes, e de refrear ao mesmo tempo os excessos dos mais audazes, por forma a obter o maior rendimento daqueles que a seu lado cooperaram nas tarefas de reconstrução do Estado.

Deste labor persistente, criterioso, incansável, exercido vai para quarenta anos com uma devoção extraordinária e um espírito de renúncia admirável, fruto duma tenacidade invulgar servida por uma inteligência privilegiada, aproveitaram afinal todos os portugueses, sem excepção dos próprios detractores da obra até hoje levada a cabo, que muitas vezes se insurgem contra a falta de liberdade do sistema instituído, mas a quem este não só garantiu a paz e a segurança que têm usufruído, e até as prósperas situações que alguns deles disfrutam, como concede ainda a liberdade bastante para a cada passo negarem ou diminuírem os benefícios recebidos.

Que dias sangrentos não estariam, com efeito, reservados ao país, quando as labaredas do comunismo ateadas de vários lados começaram a destruir os melhores valores da nação vizinha, e os fumos das paixões partidárias toldaram o espírito dos grandes dirigentes políticos do ocidente, se não fora a intervenção clarividente do governo português largamente documentada nesse diário impressionante que é o último volume publicado do Livro Branco?

Que teria sido de nós, dos nossos lares, das nossas famílias e dos nossos haveres quando no auge da última guerra as tropas alemãs alcançaram os Pirinéus, sem a notável acção diplomática que exerceram os homens responsáveis pelos destinos das nações peninsulares?

Que teria sido também de Timor, ocupada primeiro pelos japoneses e logo a seguir pelos aliados, se não fossem a firmeza e a impecável correcção com que o governo agiu, e a estrita fidelidade que Portugal soube manter perante os seus compromissos internacionais, a despeito da sua atitude de não beligerância?

Que seria já hoje da soberania portuguesa em Angola, na Guiné ou em Moçambique, a que morticínios não teriam sido expostas as suas populações martirizadas, se acima do fatalismo derrotista dos que doentiamente se impressionaram com os erros, os abusos e as pequenas misérias de certa plutocracia colonialista se não tivesse erguido no momento preciso a voz serena, resoluta, confiante do chefe do governo, a falar na linguagem clara dos supremos interesses da Pátria?

É certo fomos desapossados de Goa, a *Goa Dourada*, a *Roma* do Oriente – pedra entre todas preciosa desse colar de fé e de heroísmo que é, em torno dos mares e continentes, a comunidade plurirracial portuguesa –, por um acto nefando que nenhum gesto de misericórdia poderá absolver, enquanto o Estado agressor não restabelecer o império da ordem jurídica violada, restituindo os territórios que violentamente ocupou e detém em seu poder.

Mas só quem reler as numerosas comunicações em que a posição de Portugal foi superiormente analisada à luz do direito e da história; só quem tiver conhecido a persistência e coragem com que durante longos meses as autoridades portuguesas foram desmascarando as provocações ardilosas, não só das autoridades indianas como dos elementos irresponsáveis por elas estimulados; e recordar ainda as sucessivas diligências que desde o Tribunal Internacional de Justiça ao Conselho de Segurança das Nações Unidas a diplomacia portuguesa desenvolveu para proclamar o primado do direito sobre a força e punir a violação do agressor; só quem tiver presentes no espírito todos os incidentes desse longo processo entre duas forças desiguais poderá avaliar em toda a extensão o esforço heróico que ficámos a dever ao Doutor Salazar e seus mais próximos colaboradores para defesa da integridade do solo pátrio.

O mais alto serviço, porém, que o Doutor Salazar terá prestado ao país – superior a todas as reformas legislativas e mais importante que todas as realizações materiais – foi o de ter despertado a consciência nacional da apagada e vil tristeza em que ela caíra, acordando de novo no espírito de governantes e governados a dignidade de sermos portugueses.

A influência nefasta das doutrinas individualistas, as divisões internas criadas ou acirradas pela competição partidária, as afinidades ideológicas que não conheciam fronteiras, os ataques movidos à Igreja, prelados e instituições religiosas, o enfraquecimento da sociedade familiar, minada nas suas raízes pela obrigatoriedade do casamento civil e a ampla permissão do divórcio, o espírito de classe que vigorava nas relações do trabalho, todos esses factores de desagregação contribuíram para destruir as bases mais seguras em que a nação se poderia apoiar e trazer à superfície do coração dos homens todas as reacções capazes de os dividirem, apagando os vestígios de todos os sentimentos susceptíveis de unir os desavindos em torno da Pátria comum.

Apoiado numa concepção diversa da sociedade, o Doutor Salazar procurou varrer das inteligências todos os ódios que por força do antigo sistema envenenavam o ambiente do país, para reconstruir pouco a pouco, nas pessoas e nas instituições, a unidade moral e política da nação.

Lembrou-se a todos a missão histórica dos portugueses no mundo, por ser ela o elemento que dá grandeza à nossa vida colectiva e por ser ela ainda o leito para onde livremente deveriam convergir todas as energias que a organização partidária malbaratava sem glória nem proveito; e múltiplas vezes se insistiu em que os alicerces jurídicos mais fortes do Estado e os fundamentos mais sólidos do progresso económico e social dos portugueses só poderiam assentar nos laços de solidariedade que prendem entre si as famílias, as freguesias, os municípios, as corporações morais e económicas, dentro dos quadros geográficos da comunidade nacional.

O simbolismo da estátua de Salazar

3. O monumento que o Chefe do Estado nos deu a subida honra de inaugurar, no largo fronteiro ao tribunal, visa exactamente a destacar essa luminosa coordenada da concepção orgânica da comunidade portuguesa, glorificando a ideia do nacionalismo lusitano através da pessoa e obra do homem que no presente século melhor o soube interpretar e por em movimento.

Por feliz convergência do nosso desejo com a natural disposição das circunstâncias, a estátua assenta no lugar da vila sobranceiro ao modesto aglomerado onde Salazar nasceu na paróquia vizinha, como a dizer na linguagem eloquente dos símbolos que o nacionalismo se inspira nas raízes puras do patriotismo e que o amor à pátria-mãe, o afecto profundo do homem à sua terra, por mais dura que seja o berço onde veio ao mundo, como tantas outras virtudes fundamentais do carácter português, se bebem no leito materno, para logo se reforçarem com o alimento tonificante das primeiras letras.

A figura modelada pelo talento de mestre Leopoldo, absorta na intimidade dos seus pensamentos, como alheada do mundo exterior, pernas levemente cruzadas no jeito de quem procura no doce remanso do lar paterno ou na grata recordação dos dias longínquos da infância o bálsamo necessário aos amargos dissabores da governação, dá a quem de perto a contempla, pela energia que a domina desde a linha cerrada dos lábios à poderosa contenção dos braços, a impressão de estar pronta a erguer-se, serena mas forte, viril, avassaladora, em defesa do pensamento gravado nas duas pedras a que as suas mãos confiadamente se apoiam.

As legendas inscritas nas lápides são duas frases célebres que reflectem no fundo a mesma ideia, mas encarada sob diversa perspectiva histórica.

Uma é a palavra de ordem, numa época em que a nação, esgotada pelas lutas entre os seus próprios filhos, quase exangue, inicia a penosa marcha da sua redenção; a outra, proferida durante o período doloroso em que as províncias ultramarinas são vítimas da agressão subversiva movida do exterior, constitui uma advertência dramática ao sentimento de responsabilidade dos que ficam perante a memória sagrada dos que tombam, vertendo o sangue em defesa da Pátria.

Encarada numa ou noutra dimensão, a ideia consagrada no momento faz parte integrante da trilogia que, além da estátua, compreende o baixo relevo que domina a frontaria do edifício e ainda este salão nobre de julgamentos que é sempre a peça mestra do tribunal.

O baixo relevo, como instrumento de ligação entre os restantes elementos, é a chave do sistema que permite a fácil leitura de toda a composição.

Cumprindo a missão sobrenatural que Deus lhe confiou, Moisés conduz o povo hebraico, submetido a duras provações no Egipto, até à Terra prometida. Já fatigados pela jornada, temerosos dos sobressaltos com que fora experimentada a sua resistência, os milhares de fugitivos sentem entretanto o suplício horrível da sede no deserto. Mais uma vez a razão se lhes perturba, chovem as recriminações sobre o neto de Levi, quando Moisés opera novo milagre, fazendo saltar água a jorros das próprias pedras do deserto.

Milagre semelhante a este com que os textos bíblicos exornam a personalidade do Profeta pode o tribunal realizar na sala de julgamentos sempre que, sobre a secura dos ódios que malquistam as partes, a aridez das paixões que dementam os homens ou a mancha da mentira com que as testemunhas profanam o templo da verdade, o juiz faz correr no álveo da sentença a palavra cristalina da justiça, arrancada à fonte incorruptível da lei, e punindo o mal, premiando a virtude, restabelece a paz e a concórdia entre os litigantes e consolida a segurança indispensável à vida do organismo social.

Mensagem do monumento à actual e às futuras gerações

4. Mas assim como o gesto de Moisés representará para os magistrados um apelo à boa interpretação e aplicação das leis, também a mensagem de puro e são nacionalismo gravada no monumento ao Doutor Salazar há-de constituir tema de frequente meditação para todos aqueles que têm qualquer parcela de responsabilidade nos destinos do país ou vierem a tê-la no futuro.

É que um só pedestal será digno do varão ilustre que o singelo monumento pretende honrar: a certeza de que a sua obra se não extinguirá, apoiada na disposição em que cada um no seu posto se encontre de adaptar os princípios fundamentais da revolução por ele operada às realidades da vida política, que mudam a cada momento.

Se há, com efeito, verdades eternas, regras de validade universal, cuja vigência não varia portanto com o tempo nem muda com a latitude do lugar, outros factores existem, no quadro das grandezas humanas, como o avanço das ciências, o progresso da técnica, a evolução natural das ideias, a própria experiência dos sistemas que, modificando a fisionomia das sociedades, obrigam contìnuamente a alterar os fins da actividade política e a renovar os métodos de actuação dos homens e das instituições.

A última guerra e o rescaldo da conflagração transformaram já de forma radical o cariz político do universo, enfraquecendo o poderio da Europa, reduzindo o valor de algumas das alianças firmadas no continente e fraqueando as portas dos mais altos organismos internacionais aos dirigentes de Estados sem a necessária maturidade.

A própria aliança atlântica, sem ter perdido por completo o seu valor, está hoje em larga medida ultrapassada pelos factos quanto aos limites geográficos da sua esfera de acção.

A Rússia, de potência bastante isolada que era, passou com o desfecho da guerra e a subsequente evolução dos acontecimentos a dominar, directa ou só indirectamente, grandes zonas do mundo. Em contrapartida, como o mistério da sociedade comunista se vai dissipando à medida que os povos livres vão conhecendo mais de perto os resultados práticos da socialização e o preço por que foi paga a ditadura do proletariado, diminuiu consideràvelmente entre os bons espíritos o risco de proselitismo dos doutrinários marxistas. O *muro de Berlim* não é só uma vergonha da nossa época; é também a derrota mais espectacular que o comunismo se infligiu a si próprio.

No plano das realidades internas, se desapareceram de vez os males mais característicos do liberalismo individualista, como fossem a instabilidade e a paralisia do poder, a desordem perturbadora do parlamento, a tirania irresponsável da rua e o descrédito da autoridade do Estado, outros riscos surgiram entretanto, próprios dos sistemas modernos que dão justa preponderância ao interesse colectivo, como sejam entre muitos outros a excessiva intervenção dos poderes públicos na vida privada, a burocracia administrativa como um travão do progresso, a lentidão das repartições oficiais em contraste com o ritmo acelerado da vida contemporânea, o mau uso dos meios materiais que o intervencionismo estadual coloca em larga escala nas mãos dos organismos, a duplicação dos serviços, a descoordenação entre departamentos afins, por efeito não só do constante crescimento da vida como do progressivo empolamento das estruturas políticas e administrativas, as dificuldades de programar e executar os empreendimentos que interessem a mais de um sector da administração.

A crescente publicização das relações económicas e sociais, que é uma característica quase universal dos tempos, cria também para o Estado responsabilidades que o liberalismo económico e político de todo ignorava e que não tendem a diminuir no futuro.

Desde que as entidades oficiais, em nome do bem comum, privaram as organizações patronais e os organismos sindicais das armas típicas da luta de classes, e protegem ao mesmo tempo, com medidas fiscais, aduaneiras, técnicas, financeiras e policiais adequadas, os interesses específicos da economia nacional, o governo não pode, em boa lógica, desinteressar-se da justa remuneração do trabalho, nem por conseguinte pode alhear-se da quota que o capital chama a si no rendimento das empresas.

Neste domínio crucial da distribuição do rendimento nacional, são muitos os que têm a sensação de que longa jornada nos falta ainda percorrer, ao reflectirem na situação dessa pobre gente que coagida pela força das circunstâncias procura ganhar o pão em terra alheia quando tanto espaço produtivo cresce para todos dentro dos limites do território nacional, e ao atentarem, em termos mais amplos, na condição de injusta e manifesta inferioridade em que perante outras regiões do país se encontram as populações de largas zonas do interior metropolitano.

E que os exemplos tirados ao correr do discurso não levem as pessoas a filiar erròneamente este sentimento de insatisfação na exclusiva preocupação – que o conservantismo de muitos logo taxará de *utópica*, senão de *demagógica* – dum maior nivelamento entre as diversas camadas da população ou as diferentes regiões do país. Se observarmos, de facto, a situação de altos servidores da coisa pública que embora no topo de carreiras, por vezes longas e trabalhosas, vivem apenas do seu vencimento, e a pusermos a par das remunerações que hoje em dia as empresas pagam com relativa facilidade aos seus empregados superiores ou a dirigentes cujo património risco algum corre dentro delas, é o próprio sentimento da natural e justa hierarquia dos valores sociais que a cada passo sai bastante maltratado pelos termos da comparação.

É possível que os técnicos e os economistas venham obtemperar com o argumento de que muitas das situações atingidas pela crítica correspondem a males sociais que ou não têm cura ou só a longo prazo podem ser remediados; e não faltará porventura quem veja na simples menção delas mais um sinal inequívoco da confusão em que os melhores espíritos amiúde se deixam cair entre a riqueza material e a verdadeira felicidade do homem.

Porém, nenhum dos juízos técnicos de simples possibilidade económica ou financeira, como nenhum dos juízos políticos de mera oportunidade, conseguem invalidar o julgamento que o homem de bom-senso e recta consciência se sente autorizado a proferir acerca da matéria no plano da justiça distributiva. E não deixemos iludir a questão com o subterfúgio de que, perante as circunstâncias adversas do momento, os puros juízos de ordem moral nada resolvem e só dificuldades podem criar a quem governa: esses juízos são uma força que actua cada vez mais no foro das consciências, marcam nos dias de hoje um rumo, uma directriz à actividade da técnica, que nós, servidores da política, devemos ser os primeiros a agradecer como estímulo e aproveitar como apoio, se outras razões não vierem obscurecer a luz do nosso raciocínio.

Por último, *ser a riqueza* – como é – *coisa diferente da felicidade nem significa ser na miséria que a felicidade se há-de procurar, nem autoriza os governos,* no plano do poder temporal em que a acção política se move, *a cuidar como coisa de somenos a condição material das classes mais desfavorecidas.* Quer apenas dizer que *toda a campanha de promoção social necessita de ser acompanhada duma obra de inteligente doutrinação moral,* sob pena de serem nulos, senão contraproducentes, no domínio das realidades políticas, os efeitos das medidas que vierem a ser tomadas.

É caso de insistir uma, e muitas vezes mais, no conceito autêntico de riqueza, que consiste mais no necessitar de pouco do que no muito possuir. Se há quem, apesar de muito possuir já, muito mais queira ainda para atingir as balizas móveis da sua ilimitada ambição, ao lado dessas pessoas, condenadas a serem perpètuamente pobres, há todos aqueles que ainda necessitam de bastante para alcançar com o seu esforço coisas essenciais da vida, como sejam preservar a saúde própria e dos seus, garantir o acesso a certas formas banais de cultura e recreio, assegurar a sua real independência, ou conservar as condições de tranquilidade em regra indispensáveis ao labor intelectual mais exigente.

A conquista de semelhantes objectivos para o maior número possível dos que possuem reais qualidades de trabalho marca o espírito duma época, e se a luta por esta melhoria da condição humana excede em larga medida a capacidade de realização dos governos, quanto mais descabido não seria arvorá-la em tarefa exclusiva dum homem ou de um simples grupo de homens?

Gozam os portugueses, desde há perto de quarenta anos, do privilégio invulgar de terem à testa da governação um homem que, além de pensador de craveira excepcional e de doutrinador esclarecido, tem sido o executor fiel, tenaz do seu próprio pensamento; e que, longe de cristalizar em fórmulas rígidas no domínio da acção, mantém a inteligência aberta a todas as lições da experiência, embora o amor que tem ao país e à obra realizada lhe não permita transigir com os simples caprichos da moda, nem pactuar com as manobras oportunistas de quem na ara das ambições pessoais seja capaz de sacrificar os mais altos interesses da colectividade.

Com esta permanente abertura de espírito de quem superiormente orienta os destinos do país, bastará afinal que os seus colaboradores nos diferentes sectores da governação não deixem murchar o viço da juventude com o frio da velhice prematura e saibam, pelo contrário, aquecer o coração à chama do sentimento patriótico que anima toda a obra de resgate nacional, para a revolução iniciada e mantida pelo mais ilustre dos vossos conterrâneos, à qual a administração da justiça tantos benefícios deve já, poder e dever continuar, a bem de todos os portugueses.

E há-de continuar, se Deus quiser.

DISCURSO DE ANTUNES VARELA, DE 16 DE ABRIL DE 1967, FRONTEIRA

BOLETIM DO MINISTÉRIO DA JUSTIÇA, N.º 165
ABRIL – 1967

O Código Civil, a Reforma Agrária e o Regime Jurídico da Colonização Interna[1]

1. *Justificação do tema*: a) *Breves considerações introdutórias.* Na comunicação que levámos à Assembleia Nacional em 26 de Novembro do ano findo, com o intuito de justificar a orientação aceita pelo governo nas questões mais debatidas pela opinião pública a propósito da reforma do direito civil, há temas que somos forçados a retomar mais adiante, no lugar próprio e no momento oportuno, para analisarmos em todos os seus aspectos alguns ataques curiosos a que a nova legislação serviu de pretexto, já depois de encerrado o período de discussão do projecto e de ratificado sem emendas, pelo órgão legislativo competente, o código em que o projecto se converteu.

Ao lado, porém, dos problemas que foram já versados e das dúvidas que deveriam ter sido postas na fase dos trabalhos preparatórios que o Ministério da Justiça executou a céu aberto durante mais de vinte anos, outras matérias há, dentro do novo diploma ou um pouco à ilharga dele, que requerem desde já algumas reflexões, no plano superior dos interesses gerais em que a administração se pode e deve livremente mover.

A primeira que acudiu ao meu pensamento, quando a Câmara de Fronteira me convidou para presidir à inauguração do novo tribunal de uma comarca cujo território e população quase conheço como a palma da própria mão, foi o das relações entre o Código Civil e o regime jurídico da exploração agrária. Logo me lembrei do desapontamento infundado que o livro dos direitos reais, dentro da nova compilação legislativa, parece

[1] Discurso de Sua Excelência o Ministro da Justiça, proferido na inauguração do novo Tribunal de Fronteira, em 16 de Abril de 1967.

ter provocado nalguns espíritos de formação mais progressiva, mas outras circunstâncias, além dessa ocorrência, ajudam a compreender a preferência pelo tema.

2. *b) As condições de vida das populações rurais.* Aqueles que dobraram já a casa dos cinquenta ou que dela se vão aproximando terão ainda presentes por certo as condições primitivas, de relativa miséria material, em que vivia há bons quarenta anos atrás grande parte da população dos nossos meios rurais.

Os trabalhadores do campo, a classe de longe mais numerosa, em toda a região, quando não pernoitavam a granel sobre a tarimba dura das toscas dependências do monte, de mistura com os animais da estrebaria, habitavam no povoado em casas de piso térreo, grosseiramente construídas sem os menores requisitos de higiene ou de conforto, encimadas por coberturas de telha vã, por onde a chuva e o vento, que molhavam os corpos e enregelavam os ossos, entravam sem a menor cerimónia pelas noites intermináveis do inverno rigoroso. Marido, mulher, o companheiro e a companheira, filhos e filhas, em gente que não conhecia restrições à procriação, dormiam em regra no mesmo quarto, as mais das vezes no mesmo catre, numa promiscuidade horrível, deitados sobre a mesma enxerga de palha apodrecida, cobertos pelos mesmo trapos.

Raras eram na época, ainda entre gente de condição, as casas dotadas de instalações sanitárias, como relativamente poucas seriam as povoações que dispunham de abastecimento domiciliário de água ou que possuíam a necessária rede de esgotos ou saneamento, por aí se podendo imaginar os tratos a que eram quotidianamente sujeitos, não apenas as exigências mais elementares de higiene pública, mas também o sentimento natural de pudor e a reserva ou intimidade da vida privada de cada pessoa.

A alimentação, tão pobre na qualidade como abundante na quantidade, tinha como base o pão trigueiro e o magro conduto com que crianças e adultos enganavam a fome pelo dia adiante, só ao domingo ou em dia de maior nomeada conhecendo o luxo das gorduras que dava o enchido do porco.

O vestuário cifrava-se, por seu turno, em duas escassas mudas de roupa: a que o dono trazia sobre si, e a que estava a caminho da ribeira, para lavar e passajar em seguida. Se chovia, e não havia possibilidade de os homens se abrigarem, era sobre o próprio corpo, muitas vezes com o calor do próprio trabalho, que as peças encharcadas haveriam de enxugar e secar.

Nestas condições precárias de alojamento, de alimentação e de vestuário, sem direito a um dia de férias, sujeito a um regime crónico de subemprego, sem reformas na velhice nem auxílio na doença ou na invalidez, labutando desde o romper da madrugada até o sol declinar no horizonte, em luta constante com uma natureza pobre e um clima áspero, era o homem chamado aos trabalhos mais duros, que iam desde o arranque das azinheiras ou a cava da terra ressequida pela sede até à ceifa sob a torreira escaldante do estio. E ao cabo de uma existência inteira de labor sem novos horizontes, num quadro natural e social que tinha os seus laivos de tragédia humana, o pobre do nosso trabalhador acabava por ganhar menos em toda a sua vida sofredora do que muitos felizardos dos grandes meios urbanos, de costas direitas ou refastelados em cómoda poltrona, são capazes de recolher por uma simples gratificação no encerramento da conta de exercício ou de arrecadar como luvas por um só negócio chorudo que agenciaram para a empresa.

Dir-se-á que as coisas se modificaram bastante no decorrer dos últimos anos, graças aos melhoramentos rurais, à abertura de novas vias de comunicação, ao alargamento da rede de transportes públicos, à difusão da rádio e da televisão, à elevação dos salários que durante muito tempo estiveram pràticamente estagnados, e mercê de outros factores que tornaram menos penosa a vida dos pequenos aglomerados provincianos.

Assim será, de facto, embora nos faltem alguns dos índices estatísticos que melhor nos permitiriam avaliar a evolução registada, no que toca ao ponto capital da distribuição mais equitativa do rendimento entre as várias camadas da população. Apesar disso, o simples exame directo dos factos parece apostado em afirmar duas realidades: são as populações do Alentejo, com os povos de algumas zonas mais pobres das Beiras e do nordeste transmontano, quem até agora menos participou da subida do nível de vida que se observa na generalidade do país; é o trabalho rural – pedra essencial do xadrez demográfico transtagano – aquele que ainda hoje mais carece da protecção das entidades competentes.

3. *c) Breve referência à situação económica das actividades agrícolas.* A esta situação de desequilíbrio regional, que muitas vezes tem sido acentuada em documentos oficiais, e às carências persistentes do trabalho rural não é estranha, bem pelo contrário, a circunstância de a agricultura, mercê de razões de ordem vária, se ter visto impossibilitada de acompanhar o ritmo de desenvolvimento económico que tem caracterizado, tanto em Portugal como nos países mais industrializados, a evolução dos demais sectores da produção.

Atingida em cheio pela rigorosa contenção de preços que serviu de base à política de investimento e à expansão industrial do país; sofrendo indirectamente os efeitos de uma legislação social que não pôde estender todos os seus benefícios nem ampliar todas as suas regalias às tarefas agrícolas, a lavoura sofreu ainda, ao longo dos últimos trinta ou quarenta anos, os inconvenientes das oscilações de uma política agrária que não primou pela certeza nem pela segurança, embora outras virtudes lhe possam ser creditadas. De facto, agrónomos, juristas, políticos e economistas ora recomendam a intensificação da cultura cerealífera, como um imperativo de defesa económica nacional; ora advogam a tese da reconversão das culturas como processo insubstituível de valorização regional; ora apontam para o parcelamento e o emparcelamento da propriedade rústica como a estrada de Damasco em que a lavoura haveria de resgatar os erros e as faltas do pretérito; ora pregam a capitalização da agricultura, a mecanização técnica do trabalho, a industrialização e a comercialização organizada dos produtos da terra como o único meio de o sector primário ascender aos níveis de produtividade próprios dos serviços e das actividades fabris.

O resultado prático desta indecisão e dos outros factores com ela colaborantes é a situação embaraçosa em que os cultivadores da terra se encontram, não só pela falta de braços com que a emigração veio agravar os males crónicos da lavoura, mas pela alta de salários que rendeiros e pequenos proprietários protestam absorver toda a sua reduzida margem de lucro.

Outro sinal elucidativo do desequilíbrio registado entre os diferentes sectores da actividade nacional está, para os olhos do observador atento, na frequência com que muitos capitais da banca, da indústria e até do comércio se têm transferido para a propriedade fundiária. O fenómeno estou certo que causará as maiores apreensões em todos aqueles que consideram o amor à terra e o conhecimento específico das realidades agrárias como elementos essenciais à boa gestão das empresas agrícolas.

É que o amor à terra herda-se, no geral, com o sangue que corre nas veias dos lavradores; nutre-se do contacto directo com a natureza, cujos segredos levam anos a ser desvendados; ganha as suas amarras mais fortes com a incerteza que caracteriza toda a exploração agrícola e pecuária e que, sendo muitas vezes a causa da sua ruína, é ao mesmo tempo a fonte da singular atracção que a terra e a natureza exercem sobre o homem.

A esta admoestação hão-de muitos redarguir; no entanto, que a renovação dos donos da terra poderia ter as suas reais compensações, se banqueiros, industriais, comerciantes, homens de negócios em suma, em vez de forcejarem por encontrar na propriedade rústica um mero lugar de inumação para as suas reservas de numerário, pusessem ao serviço das empresas agrícolas o espírito de iniciativa, o conhecimento de mercados e a organização comercial que as actividades do sector secundário desenvolvem no mais alto grau e que muito úteis poderiam ser a uma exploração progressiva do solo metropolitano.

Dizem-me que tal se não tem verificado e que muito pouco ou quase nenhum proveito a vida económica e social pôde até agora arrecadar desta translação de capitais.

4. *O mito da reforma agrária.* Ora, não será preciso prolongar a descrição da paisagem económica e social da província alentejana, nem adensar mais as suas sombras, para imaginardes quanto nos pungiria a consciência se, podendo a reforma do direito privado português contribuir de algum modo para a resolução das dificuldades sucintamente expostas, por incúria do governo ou por incompetência dos estudiosos a nova lei civil o não houvesse feito.

Os que neste caso particular da estrutura social do Alentejo apelam para a capacidade dos juristas – desafiando as leis da propriedade, que deveriam brotar das suas penas como Minerva irrompeu do cérebro privilegiado de Júpiter – pensam em regra na chamada reforma agrária.

Simplesmente, a reforma agrária que tem como escopo capital o parcelamento dos latifúndios não passa de um mito com que os falsos profetas pretendem iludir a boa fé e a sede de justiça desta pobre gente. É um estandarte político que os demagogos agitam de tempos a tempos, para arrastar a massa do proletariado rural ao sabor dos ventos destrutivos da pura subversão social.

O parcelamento dos prédios, sem nenhuma intervenção do Estado que a legitime, assentaria numa ideia discriminatória, unilateral e arbitrária contra o ramo da produção nacional que menos ajudas tem recebido por parte dos poderes públicos. Com ou sem indemnização adequada, implicaria quase sempre uma lesão de interesses legitimamente criados; e, pior do que tudo isso, era o facto de o fraccionamento da propriedade, por si só, em muito pouco ou em quase nada melhorar o panorama político-social da região.

São tão precárias, na verdade, as condições de exploração de muitas das nossas vastas áreas de sequeiro que já neste momento, sem contar nos cálculos com o crescimento demográfico das povoações, o número de empresas econòmicamente viáveis que os agrónomos pudessem instituir nos três distritos alentejanos seria sempre uma pequenina fracção da legião de proletários interessados em ascender ao domínio da terra.

Uma reforma agrária de sentido vincadamente correctivo pode ter ainda hoje algum cabimento nos amplos territórios de Angola e de Moçambique, onde a extensão do solo e a precaridade da posse dos particulares oferecem uma larga margem para a revisão dos títulos de aquisição da propriedade imóvel. Para a metrópole ou para as ilhas adjacentes é que o Código Civil de modo nenhum a poderia consagrar, por duas razões muito simples, qualquer delas decisiva.

Por um lado, além de constituir uma solução discriminatória e injusta, a correcção da estrutura agrária, feita em moldes de semelhante latitude, não se coaduna com o espírito dos textos fundamentais por que deve pautar-se a vida económica e social do país.

Por outro lado, a ideia de parcelamento, para ser exequível, teria de assentar numa série de preceitos de direito público, com carácter transitório, que não caberiam, pela própria natureza das coisas, numa compilação *duradoura* de regras de direito *privado* como é a codificação do direito civil.

5. *As obras de hidráulica agrícola, no tríplice aspecto em que podem ser consideradas:* a) *No plano financeiro.* Muito diverso, porém, da generalidade das situações a que aproveitam as considerações precedentes é o caso particular das terras beneficiadas com as obras de rega executadas pelo Estado. Trata-se de obras que valorizam os prédios particulares, mas que são custeadas com dinheiros públicos, expressos em somas que a colectividade já pagou ou há-de vir mais tarde a desembolsar.

Pelo volume apreciável dos investimentos que envolvem e pela natureza dos fins a que ficam adstritos, estes empreendimentos de fomento hidro-agrícola revestem um grande interesse político, podendo o seu valor real medir-se sob um tríplice ponto de vista.

No aspecto financeiro, como as obras são pagas pelo Tesouro, dir-se-ia que o seu custo deveria ser integralmente amortizado pelos utentes da água; e como a tendência natural do capital é para frutificar, acrescentaríamos ainda que na amortização creditada ao Estado a administração deveria incluir os juros das despesas efectuadas.

Compreende-se, no entanto, que o reembolso imposto aos proprietários não iguale o custo das obras, se a coletividade beneficiar, por outras vias, da utilidade prestada pelas albufeiras ou pelos canais de rega, e se as vantagens sociais do plano, em que as obras se integram, vier a compensar a diferença restante.

O que já não tem defesa possível, à luz dos bons princípios da justiça distributiva, é que o acréscimo de rendimento dos vários prédios seja sensivelmente superior à taxa lançada sobre cada um dos seus titulares: haveria então um injusto locupletamento à custa alheia, traduzido num sacrifício imposto à massa dos contribuintes em proveito de uma restrita minoria de proprietários privilegiados. E mais condenável seria ainda que no cálculo das taxas de reembolso (seja qual for a designação com que a lei as crisme no papel) se não adoptassem critérios uniformes: se os princípios variassem de região para região ou de empreendimento para empreendimento, ao vício do enriquecimento sem causa por parte de alguns a administração juntaria o da injustiça relativa fundada no desigual tratamento a que uns e outros eram submetidos pelo Estado.

Esse é, porém, um ponto que interessa de um modo especial às finanças públicas e aos princípios da justiça tributária.

6. b) *No plano económico.* Outro aspecto muito importante, mas que também não pertence ainda ao foro privativo dos juristas, é o do rendimento económico dos empreendimentos.

A intervenção activa do Estado, tanto no estudo como na execução dos programas fixados, bem como a inversão dos largos capitais que a rega consome, seja nas obras de instalação, seja nas despesas de conservação e exploração, só se justificam, dentro de uma criteriosa administração do erário público, se o regadio contribuir para um apreciável desenvolvimento económico das regiões beneficiadas e, reflexamente, de todo o país.

O acréscimo de produtividade fomentado pelo aproveitamento regular e disciplinado das águas há-de naturalmente assentar na maior fertilidade do solo, no aproveitamento mais intensivo da terra e ainda na introdução de novas culturas, mais ricas que as anteriores; mas há-de reflectir-se também no conveniente dimensionamento das explorações económicas – agrícolas, pecuárias ou até industriais – alicerçadas no regadio. As áreas reservadas a cada proprietário não devem ser de tal modo extensas que impeçam ou dificultem o aproveitamento intensivo que os técnicos exigem das obras de irrigação; nem devem ser de tal forma exíguas que, não podendo servir de base a uma exploração econòmicamente viável, acabem por criar novos problemas sociais em regiões onde os existentes bem bastam já para reptar a capacidade dos governos.

7. c) *No plano social*. Somos deste modo lògicamente conduzidos à beira do aspecto que mais interessa aos juristas: o valor social das obras de rega comparticipadas pelo Estado.

O problema pode atrair a atenção dos homens de leis, não só pela natureza jurídica da estrutura em que assenta o rendimento social dos vários empreendimentos, mas principalmente pelos ensinamentos que a correcta aplicação da legislação já promulgada poderia facultar ao governo em matérias nas quais, se o avanço do reformador é indispensável, a prudência do executante não é menos necessária.

Ora, entre os benefícios sociais do fomento hidro-agrícola todos incluem, sem hesitações, o combate ao subemprego através da mais regular ocupação de braços a que darão lugar as novas culturas, e a elevação dos salários rurais, como justa e lógica consequência da maior produtividade das empresas.

Mas não bastam estes efeitos indirectos.

Se estivermos atentos aos imperativos de justiça social da época que vivemos; se nos lembramos de que, tendo uma só existência terrena para viver, o homem não pode confiar de uma segunda ou terceira encarnação o ressarcimento da injustiça com que a sociedade o tratou; se tivermos presente que todas as reformas justas, por mais incómodas que sejam, são sempre preferíveis às medidas revolucionárias decretadas em ambiente de paixão e anarquia, fàcilmente aceitaremos a necessidade, neste como noutros pontos análogos, de ir bastante mais adiante.

Assim o têm entendido muitos países que cuidaram do problema, e assim o compreendeu também a nação vizinha, cuja legislação está a coberto de toda a suspeição malévola de heresia doutrinária.

As leis espanholas de 21 de Abril de 1949, de 17 de Julho de 1958 e de 14 de Abril de 1962, relativas ao aproveitamento das zonas regáveis, não hesitaram em facultar ao Estado a expropriação por utilidade pública dos terrenos necessários aos planos de colonização gizados para essas zonas.

Não quer a medida significar que os interesses legítimos dos antigos proprietários hajam sido descurados pela administração, pois a área reservada a cada um deles é fixada na lei em termos de, contando com a maior produtividade das culturas de rega, permitir ao titular um rendimento superior ao da superfície total do prédio, sujeito ao regime de sequeiro.

Ao abrigo da nova legislação, já em 1964 a Espanha tinha aprovado planos gerais de colonização que abrangem, na sua totalidade, mais de 500 mil hectares, enquanto as expropriações efectuadas pelo Instituto Nacional de Colonização, entre as chamadas terras de excesso, andavam pela ordem dos 116 100 hectares[2]; e suponho que, de então para cá, o ritmo das realizações neste domínio pouco ou nada terá afrouxado.

8. *O regime jurídico da colonização interna.* Também entre nós se reconheceu que os benefícios sociais das obras de rega, como principal pedra de toque da sua valia no plano da política nacional, se não poderiam confinar à maior garantia de ocupação da mão-de-obra rural e à simples expectativa de uma lenta ascensão dos salários.

O Decreto-Lei n.º 44 720, de 23 de Novembro de 1962, ao definir o novo regime jurídico de colonização interna, admite igualmente a expropriação por utilidade pública de uma parte dos terrenos beneficiados pelas obras de fomento hidroagrícola; mas fá-lo em condições bastante mais apertadas do que a legislação espanhola.

Por um lado, a área reservada ao cultivo directo do proprietário, além do limite mínimo equivalente a cinco explorações econòmicamente viáveis, tem um limite máximo que a lei intencionalmente definiu em termos muito vagos. Por outro lado – e essa é a diferença mais saliente entre os dois regimes – sucede que a área subtraída ao cultivo directo do proprietário só

[2] Ver D. José Garcia Atance, *La Legislación Española sobre Colonización y sus Resultados*, Lisboa, 1965, pág. 28.

pode ser expropriada se ele não preferir vendê-la, aforá-la ou arrendá-la a outrem, nas condições superiormente definidas pelos planos de colonização e pela Junta de Colonização Interna.

Nenhum plano foi até agora sujeito à apreciação do governo, e nenhuma experiência nos habilita por conseguinte a julgar os méritos nem a corrigir os defeitos do novo sistema. Quando chegar o momento oportuno da sua aplicação prática, estou certo de que a administração terá muitas dificuldades a vencer, que os serviços tropeçarão em obstáculos de vária ordem, e não nos surpreenderemos se ouvirmos mesmo gritar «aqui d'el Rei» contra o fantasma do socialismo.

Dois factos importa, no entanto, destacar perante os que de ânimo leve censuram neste ponto a nova legislação civil: não são os instrumentos jurídicos que nos faltam para abrir novos caminhos na exploração da terra; não é ao Código Civil que compete regular o aproveitamento das águas públicas nem fixar o regime da colonização interna, como não é a lei civil que trata dos problemas específicos de segurança social ou disciplina a vida das sociedade comerciais, que hoje dominam a parte mais importante da riqueza nacional.

Fora do Código Civil, que não seria, na verdade, o lugar próprio para lhe dar guarida, o novo regime das explorações agrárias, no domínio onde a intervenção do Estado tem plena legitimidade para se expandir, apenas aguarda que a decisão de uns e o espírito de compreensão de outros nos permita o começo da sua realização efectiva.

O que infelizmente nos falta muitas vezes é alguma coisa que, sendo essencial à função normal das leis, transcende afinal, em larga escala o âmbito restrito dos planos de colonização agrária.

É o terreno psicológico de que as novas leis carecem para se enraizar, crescer e frutificar; é o clima moral que faz medrar as instituições jurídicas, políticas e sociais; é o calor humano capaz de fecundar as puras criações do espírito; é o sentimento de solidariedade que os dirigentes responsáveis nos pregam em todos os tons, acima da balbúrdia e da vozearia que vai por muitas partes do mundo, mas a que muitos de nós, fechados na concha do seu individualismo egoísta, continuamos insensíveis como uma pedra.

É nesse ponto que cabe realmente perguntar: as pessoas de recta consciência, os simples homens de bom senso que não escasseiam num país de gente equilibrada como o nosso, não serão capazes de ouvir e de entender o apelo vigoroso com que as trombetas do nosso tempo procuram sacudir a cómoda inércia de cada um de nós, no ambiente de estabilidade política e de paz social que as instituições vigentes lhes oferecem?

9. *Saudação Final.* Ao dar por inaugurada a nova sede do tribunal de Fronteira, quero exprimir ao Dr. Roberto Pinto, Director da brigada de presos que o construiu, o meu pleno agrado pela nova afirmação que os serviços penitenciários nos deram quanto à capacidade realizadora do trabalho prisional, e felicitar a Câmara, bem como os magistrados, os funcionários e os advogados da comarca por este esplêndido edifício que, melhorando as condições de instalação e funcionamento das várias repartições, tanto valoriza ainda o escasso património municipal.

O tribunal não é apenas, na perfeição da sua estrutura funcional, um novo e esplêndido local de trabalho; é também na sua formosa expressão plástica e no sentido transcendente da sua riqueza decorativa, um verdadeiro símbolo da Justiça.

Justiça que é de todos, homens, mulheres, crianças, poderosos ou humildes. Justiça que não é contra os ricos – porque o tribunal não serve o culto rasteiro da demagogia; justiça que também não é contra os pobres – porque o juiz apenas deve obediência às tábuas supremas da lei e aos ditames da sua própria consciência.

Justiça que serve a todos, pois todos são iguais perante a lei, e esta a todos cobre com o manto da sua tutela, a todos defende com a força serena, mas vigorosa, do seu braço.

DISCURSO DE ANTUNES VARELA, DE 1983, IGREJA DE SÃO ROQUE, LISBOA*

* Alocução de Antunes Varela em cerimónia académica da Universidade Católica Portuguesa, em 1983.

A Comissão Organizadora agradece as informações prestadas acerca deste texto, por Mário Júlio de Almeida Costa, Mário Emílio Bigotte Chorão e Mário Pinto.

O PAPEL DO JURISTA NA SOCIEDADE PORTUGUESA CONTEMPORÂNEA

Introdução

1. Origem da prelecção e razão de escolha do tema

O padre Bacelar de Oliveira, devotado Reitor da Universidade Católica Portuguesa, vem insistindo connosco há perto de dois anos para proferirmos a lição de fundo num dos actos solenes programados pela instituição. Na base da insistência do convite estava a lisonjeira convicção de que o impetrado, velho Mestre de Coimbra, a caminho da jubilação, Ministro de Estado durante mais de treze anos, doutrinador do Direito enriquecido com cinco anos de intensa experiência nas Universidades e no foro do Brasil, teria por certo qualquer mensagem útil a dirigir à juventude universitária católica no período de acentuada conturbação que o país vem atravessando.

A ideia não me aliciou o espírito durante muito tempo.

O juízo global que o contacto mais aprofundado com a administração da Faculdade me proporcionara não era animador. Eram muitos os que interessadamente se serviam da instituição, muito poucos os dispostos a servi-la, com o espírito de missão que reclama uma escola de formação integral da juventude cristã, no plano superior do ensino. Por detrás de uma estruturação aparentemente sofisticada dos serviços, a realidade quotidiana revelava a cada passo uma organização cheia de imperfeições e de lacunas, moldada num estilo artesanal, assente no esforço e na dedicação pessoal de dois ou três dirigentes mais devotados, mas com falhas graves e com o defeito sintomático de todo o sistema de comunicação com os estudantes e o público em geral se operar através de notas manuscritas, como num mau colégio de província do primeiro quartel do século.

A Faculdade de Ciências Humanas, que em múltiplos aspectos constituía a célula fundamental do novo tecido universitário nacional, habituara-se à condição servil de tributária dos estabelecimentos oficiais de ensino descurando o lançamento metódico dos alicerces indispensáveis à construção do edifício autónomo que fosse, não apenas uma *nova escola*, mas principalmente a *escola nova* que a Igreja requeria. De algum modo se assemelhava ao modesto industrial que, comodamente resignado a trabalhar no barracão alugado não cogitasse sequer na construção das instalações próprias, essenciais à consolidação e à prosperidade do seu negócio.

A escola via entretanto acrescida de ano para ano a procura da sua frequência, não por ministrar aos alunos a formação integral cristã que muitos pais e educadores desejariam, mas por lhes não inocular no espírito indefeso o vírus da doutrinação marxista que as escolas oficiais traiçoeiramente derramavam entre a juventude e que ainda hoje, nos sectores vitais da história, da filosofia e da literatura portuguesa, impunemente continuam a lançar, em termos que não abonam sequer o agnóstico sistema da concepção pluralista do ensino público.

A todas estas circunstâncias de carácter objectivo é possível acrescesse outrossim o facto de os homens da minha geração, criados no seio de uma administração austera, mais rica em obras do que em retórica, ainda hoje não terem facilidade em se adaptar ao ambiente de irresponsabilidade que afecta os diferentes sectores da vida pública, onde a riqueza exuberante da palavra pede meças à pobreza franciscana das idéias, custosamente paga pelo cidadão contribuinte.

Assim corriam as coisas, até que no ano lectivo findo, faz agora precisamente um ano, na sessão solene do Dia da Universidade Católica, já com a organização da Faculdade em vias de profunda transformação, o Professor Cavaco Silva, um dos espíritos mais lúcidos da nova geração, aqui proferiu uma lição notável sobre o papel do economista na comunidade actual. Ao ouvi-lo discorrer com rara elevação sobre tema tão aliciante para os economistas do nosso tempo, a mim próprio me persuadi de que também da bancada do *Curso de Direito* se poderia e deveria estimular uma reflexão de incontestável oportunidade sobre a formação do jurista na sociedade portuguesa contemporânea.

Esse seria o modo mais digno, até pelos espinhos inerentes à tarefa, de levantar a luva que o Padre Bacelar, na mais generosa das intenções, gentilmente lançara a nossos pés.

2. Plano ordenado da exposição

Denunciada a razão da nossa participação especial nesta cerimónia e justificada a escolha do tema da prelecção, importa acrescentar ainda uma sucinta nota introdutória sobre o plano metódico da exposição.

O tratamento global da matéria exige uma definição precisa das várias facetas da actividade do jurista, como membro de uma classe profissional bem destacada desde tempos imemoriais. Actividade que se encontra indissolùvelmente ligada à *essência* do Direito e à metodologia específica da ciência que se ocupa da disciplina coercitiva das relações sociais.

Para que a definição se não esbata na moldura teórica de uma comunidade *abstracta* e se possa enriquecer com as tintas coloridas da paleta da sua aplicação prática, procurar-se-á caracterizar o papel do jurisconsulto à luz dos *valores* essenciais da *nossa época* e em face das exigências *reais* da sociedade portuguesa.

Haverá deste modo necessidade de, num segundo capítulo do trabalho, destacar os aspectos fundamentais da profunda crise de transformação que a comunidade nacional vem atravessando desde Abril de 1974.

Fixados os termos exactos das grandes opções que o futuro rasga aos portugueses na organização da sua vida social, mais fácil se torna caracterizar a contribuição exigível do *jurista*, tendo especialmente em conta, como cumpre a uma universidade católica, o papel específico do jurisconsulto de formação cristã.

I – A função social do jurisconsulto

A) – Interpretação e aplicação da lei

3. A primeira missão do jurisconsulto

A principal tarefa a cargo do jurista, seja qual for o sistema de *administração da justiça* em que opere, consiste na fixação dos *limites do Direito* (em face das restantes ordens reguladoras da vida social ou individual) e no apuramento da *disciplina aplicável* a *cada uma* das *situações concretas* da vida real submetidas ao império do Direito.

Assim como ao médico incumbe tratar o doente e prevenir a doença e ao agricultor fazer frutificar a terra, também ao jurista cabe, em primeira linha, instruir o cidadão sobre os *direitos* e *deveres* que lhe competem nas relações com os outros homens.

O primeiro *instrumento* de que o jurisconsulto dispõe para o efeito, nos sistemas *normativos* de tipo *continental* (herdeiros directos do património cultural heleno-romanista) é a lei.

Não é o *caso concreto* (the case), com o seu apelo directo ao *sentimento* do julgador, como nos sistemas anglosaxónicos, mas a *norma jurídica,* a *proposição* de carácter *essencialmente racional,* que constitui a peça essencial de todo o ordenamento social. E não são os *institutos jurídicos,* embebidos no húmus *histórico-social* da consciência popular, como no velho direito *consuetudinário,* mas as regras *legais,* directamente explicitadas no *verbo* do legislador, que constituem o ponto de partida da actividade do jurisperito.

Nesse sentido – mas só nesse *limitadíssimo* sentido – se pode ainda hoje aceitar, nos sistemas de tipo continental, a velha afirmação de MONTESQUIEU. ("*Esprit des lois,* lib. II, cap. VI) de que o juiz não é senão a boca que pronuncia as palavras da lei.

Deixando de lado toda a evolução histórica da antiga querela acerca da verdadeira *sede* do Direito e partindo antes de uma pura análise *fenomenológica* da realidade, cabe assim reconhecer que a primeira função do jurisconsulto, seja como juiz ou advogado, seja como consultor ou como assessor de empresa pública ou privada, é a de *desvendar,* a partir do *texto legal,* a solução aplicável a cada situação da vida real carecida de tutela jurídica.

Esta transição do plano do pensamento *geral* e *abstracto* formulado no texto legal para o terreno da realidade *concreta,* em que se registam as ocorrências da vida real pressupõe duas tarefas distintas, mas complementares e intimamente associadas entre si: a *interpretação* da lei, de um lado; a *aplicação* dela aos factos, do outro.

A fixação do sentido e alcance decisivo da lei, requerida do seu intérprete, não consiste apenas na reconstrução do *pensamento* expresso no texto legal, com deliberada abstracção dos *motivos* que o determinaram e dos fins que ele se propõe alcançar, como SAVIGNY sustentava na primeira fase do seu insigne magistério. Ao *intérprete,* que não se confunde com o *filólogo* nem com o *historiador* das instituições, interessa não apenas o precipitado *verbal, isolado,* do pensamento legislativo, mas todo o processo evolutivo da formação da lei, que pode perfeitamente conduzir, não só a uma interpretação *restritiva* ou a uma interpretação *extensiva* do texto legal, mas também a uma interpretação *correctiva* da lei.

Os *motivos* e os *fins* determinantes da norma não constituem elementos estranhos ao seu *conteúdo*, mas *parcelas integrantes* do pensamento legislativo.

Na fixação deste pensamento, superada em larga medida a velha rixa entre *objectivistas* e *subjectivistas* sobre o *método* da interpretação, também o intérprete age muitas vezes, não como o mineiro que, escavando a terra, procura encontrar o metal precioso, que seria a *realidade psicológica* da *vontade* do legislador, ou como o vedor que procura detectar a água na profundidade do sub-solo, mas como o *empreiteiro* que *ajuda* a construir o *imóvel* sobre o terreno facultado pelo dono da obra.

As assembleias legislativas, muito numerosas e divididas, não se prestam à *reflexão* exigida pelo texto de muitos projectos reguladores de problemas da maior complexidade. Sobre os pontos de maior delicadeza política desses projectos só é possível muitas vezes obter o consenso das maiorias necessárias à aprovação da lei, através de textos ambíguos que, por nada dizerem de preciso, acabam por não desagradar nem a gregos nem a troianos. E é o *intérprete*, com os ingredientes próprios da sua arte, quem ensina aos deputados ou senadores autores do texto legislativo, como uma espécie de Menino entre os doutores, o que diz a lei – que eles *votaram* mas não *entenderam*.

A tarefa de *aplicação* da *lei* ao *facto*, que logicamente se segue à interpretação do texto legal, só nas suas linhas muito exteriores se deixa reconduzir ao *silogismo* clássico da *subsunção*, que tem como *premissa maior* a norma legal e como *premissa menor* a situação de facto por ela abrangida, cuja disciplina se pretende fixar. Na realidade das coisas, trata-se de uma operação mental essencialmente *complexa*, assente num movimento contínuo de *vai-vem* entre a situação *concreta* e as diversas normas chamadas a resolver a *qualificação* jurídica da espécie, a solucionar as numerosas *questões intercalares* que ela pode suscitar e a ditar por fim os *vários aspectos* da decisão que lhe corresponde.

Neste diálogo constante entre o *caso* e a *lei* (entre a *vida* e a *norma*), conduzido pelo intérprete num plano de pura *horizontalidade*, não é apenas a *lei* que dita soberanamente a *disciplina jurídica* do *caso*. É também o exame vivo do *caso concreto*, através da carga *emocional*, *intuitiva* ou *sentimental* deflagrada pelo julgador, que ajuda continuamente a *corrigir* o sentido *aparente* da *norma* e a *recriar* o verdadeiro pensamento da lei, sem cairmos nos *exageros* insustentáveis da nova *escola retórica.*

Este labor fundamental do intérprete, tal como o concebe a moderna ciência do direito, afasta-se radicalmente do velho processo de *indução* que, no sentido *vertical,* sob a batuta da pura *lógica formal* e por inspiração do *idealismo* filosófico alemão, foi durante largo período praticado pela *jurisprudência dos conceitos,* e que ainda hoje se não encontra inteiramente banido da *doutrina portuguesa.*

Do que se trata no domínio específico da *interpretação* e *aplicação* das leis, não é, com efeito, de extrair das normas formuladas, através de sucessivas expurgações de quanto há nelas de *particular,* os princípios *gerais* inexoràvelmente aplicáveis às grandes *categorias* (lógico-formais) de relações.

O exame do intérprete visa, pelo contrário, numa primeira fase do seu labor, *reconstituir* as *situações concretas* abrangidas pela norma, *ao nível* da sua formulação. Procura em seguida, recorrendo de modo especial aos ensinamentos da *história do direito* e do *direito comparado,* inventariar as soluções teoricamente possíveis para a situação típica contemplada na norma. Só o confronto da solução adoptada no texto da norma com as demais soluções possíveis por ele catalogadas, lhe permitirá desvendar o verdadeiro *juízo de valor* encarnado na lei. E são estes *juízos de valor* que comandam, no plano da lógica substancial, pela coerência e unidade que deve presumir-se no pensamento da lei, toda a *actividade interpretativa.*

4. Cont.

B) – Interpretação e aplicação dos actos jurídicos

O tecido *injuntivo* do Direito não é, todavia, formado apenas pela malha das *normas legais.* Nele cabe ainda a rede extensíssima das *cláusulas* com que, à sombra do princípio clássico da *autonomia privada,* os particulares fixam *ao vivo* a disciplina jurídica das suas relações *concretas,* não subtraídas ao domínio da vontade dos particulares.

São *regras* que, ao invés das *normas* legais, não gozam da *generalidade* e da *abstracção* próprias destes últimos preceitos, esgotando a sua força vinculativa na situação individual a que respeitam. Ainda assim, sabe-se que muitas empresas poderosas, instaladas em sectores importantes da indústria, do comércio e dos serviços, à custa da sua repetição sistemática nos numerosos negócios que celebram, e nos quais dominam a contraparte, convertem essas *cláusulas individuais* em verdadeiras *regras gerais* da sua *contratação.*

Seja, porém, como for, essas *cláusulas negociais* não constituem *normas jurídicas,* sem por isso deixarem de integrar o sistema *coercitivo* do *Direito.*

Como todos os instrumentos de *revelação* dum facto, as cláusulas negociais precisam a cada passo de ser *interpretadas.* E a sua interpretação reveste acuidade semelhante à das normas legais, quer porque se destinam a regular relações da vida social e só podem valer com um sentido *decisivo,* quer pelo volume enorme da actividade contratual.

Por isso mesmo, a interpretação das declarações negociais (seja de negócios entre vivos ou de pactos sucessórios, seja de disposições de última vontade), embora submetida a parâmetros distintos dos que regem a interpretação das leis, se inscreve de igual modo na primeira linha das atribuições do jurista.

5. Cont.

C) – A integração das leis e dos negócios jurídicos

Nesta primária actividade social do jurisconsulto cabe, por fim, a tarefa particularmente delicada da *integração da lei* e dos *negócios jurídicos.*

É hoje tranquilamente aceite pela generalidade dos autores, depois de superada a concepção da *plenitude lógica do ordenamento jurídico,* a idéia de que a lei não cobre toda a superfície *factual* do Direito. Não se trata de a lei regular *mal* ou *defeituosamente* determinados pontos, mas de ela *não regular* – nem *bem* nem *mal* – situações que pertencem inquestionavelmente ao foro do Direito.

Manda-se, no artigo 496.º do Código Civil, indemnizar os *danos não patrimoniais* causados por um facto ilícito *extracontratual.* Mas nada se diz sobre a ressarcibilidade dos *danos morais* provenientes da violação de uma obrigação *contratual.* O cirurgião que, por inépcia, provoca grave cicatriz no rosto da paciente operada responde ou não pelo dano moral ligado a essa deformação estética?

O locador de imóvel com várias janelas e portas deitando sobre o terreno vizinho, que não pode, segundo o texto do artigo 1037.º do Código Civil, diminuir o gozo da coisa pelo locatário, fica impedido de levantar nesse terreno qualquer construção que prejudique as *vistas do imóvel* arrendado ou pode construir livremente até à linha divisória dos dois prédios?

O primeiro elemento de que o jurisconsulto deve lançar mão, nessa tarefa de *auxiliar* do legislador na construção do ordenamento jurídico, é o recurso à *analogia*. Não à pura *analogia lógica* assente na similitude ou na mera semelhança anatómica das situações, porque inequìvocamente a condena o artigo 10.º do Código Civil. Mas à analogia *substancial*, fundada na procedência das razões justificativas da disciplina fixada pela norma jurídica aplicável a um outro caso, ainda que *formalmente distanciado*, em um ou vários pontos, do caso omisso.

Falhando a *analogia*, o jurista (de modo especial o julgador) é alçado ao plano dos *órgãos criadores do Direito*, na esteira da senda aberta, contra a ditadura mental do *positivismo*, pelo preceito redentor do célebre artigo 1.º do Código Civil suíço. Não para agir com a *liberdade criativa* própria do legislador, cujo poder apenas se subordina, em princípio, aos *ditames básicos* da lei *constitucional*, mas para actuar com a *autonomia limitada* do colaborador num empreendimento de carácter colectivo.

Por um lado, não se lhe permite a resolução casuística da situação omissa sob o impulso dos seus *sentimentos* incontrolados de *justiça* perante a realidade *concreta* dos factos. Exige-se-lhe a formulação *prévia* da *norma jurídica*, destinada a limar com a *generalidade* e a *abstracção* dos seus quadros as arestas *mais vivas e cortantes* do conflito judiciário.

Por outro lado, afasta-se deliberadamente a sedução dos quadros da sua formação *ideológica pessoal* ou das próprias concepções sociais reinantes no seio da colectividade, prescrevendo que a norma virtualmente criada para a disciplina do caso omisso se deixe imbuir do espírito do sistema constituído.

Como quem diz, apenas para ilustrar a exposição com um exemplo adequado, que o preenchimento da lacuna detectada em matéria de *divórcio* ou de *separação* se há-de processar em obediência à concepção *inter-individual* do matrimónio, que infelizmente se encontra nas raízes ideológicas da reforma do Código Civil de 1977, e não à luz do mais são pensamento *institucional* do casamento, que durante muitos séculos inspirou o nosso direito da família.

6. Sequência

Toda a actividade do prático do Direito, descrita nos seus rasgos essenciais, reveste cunho acentuadamente *científico*, pelas regras metódicas que a dominam, desde a *selecção* e *qualificação* dos factos relevantes, a *interpretação* das leis e dos actos jurídicos, passando pelas altas cumeadas da *integração* das lacunas da legislação até chegar à fixação da solução aplicável a cada caso da vida real.

Carácter *científico* que não exclui o talento criador e o poder imaginativo pessoal do jurisconsulto, numa actividade intelectual não enfeudada à *demonstração*, como as ciências exactas, a lógica ou a matemática, mas apostada na *convicção* ou na *persuasão*, através dos caminhos dialéticos da *retórica* e da *argumentação*.

II – O labor científico do jurista

7. Elaboração doutrinária do Direito

É, porém, na construção doutrinária do Direito que mais carregada se mostra a nota *científica* do labor do jurista.

Tal como o agricultor não cultiva a terra sem a ajuda das ferramentas, nem o industrial transforma a matéria bruta sem o auxílio imprescindível da máquina, também o jurista não conseguiria dominar o cosmos caótico das *normas* jurídicas, das cláusulas negociais ou dos actos administrativos, sem o recurso aos *conceitos jurídicos*.

Esses conceitos, produto da elaboração mental da ciência jurídica, são na verdade os instrumentos preciosos indispensáveis, quer à *síntese* dos estudos doutrinários dos vários institutos, quer à própria *formulação* do pensamento legislativo.

São fórmulas abreviadas que assentam num trabalho meticuloso de *coordenação* e de *síntese* dogmática das inúmeras soluções dispersas pelos vários recantos do sistema constituído. Para que *não falseiem* a realidade que visam retratar, na sua formulação concentrada, eles necessitam de um trabalho prévio de *análise*, decalcado sobre os processos de observação próprios das ciências naturais.

Para que cumpram a sua função de instrumentos de *condensação* do material legislativo disperso, eles exigem um *poder de síntese* que só o pleno domínio da linguagem faculta aos artífices da palavra.

Os *conceitos jurídicos* encontram o seu necessário suporte verbal, umas vezes na linguagem corrente, mobilizando termos como os de *pessoa, coisa, obrigação, ausência, culpa,* etc.; outras vezes, no vocabulário *técnico* de outros ramos da ciência, como *demência, imputabilidade, anomalia* psíquica, etc.

Quer num caso, quer noutro, a dois pensamentos distintos se deve subordinar a formulação (científica) do conceito.

Por um lado, deve aproveitar-se, na medida do possível, o *sentido corrente* ou a *acepção técnica* de que se mostra impregnado o *vocábulo* usado na designação verbal do *conceito*. De contrário, o conceito arrisca-se a perder o seu *poder* de *expressão* e a ciência jurídica a dar ao leigo a imagem de um *domínio sofisticado* do pensamento.

Por outro lado, o conceito tem de ser sistemática e minuciosamente *testado* em face das *soluções* que pretende retratar sinteticamente *terreno da realidade jurídica*.

Pouco interessa que uma *associação*, no plano da *sociologia*, seja um *conjunto* ou *aglomerado* de *pessoas* e não uma simples *pessoa*: se, na óptica jurídica, a associação constituir um *centro unitário* autónomo de imputação de direitos e de obrigações, ela será uma *pessoa jurídica*, não um *agregado* de *pessoas*.

Pouco importa que para o *biólogo* o *enxame* seja uma *pluralidade* de *animais* ou que para o *mecânico* o automóvel seja um conjunto ordenado de peças: se, para o *comércio jurídico*, o enxame e o automóvel funcionarem em regra como uma *unidade* objectiva, eles serão para o jurista uma *coisa* e não uma *pluralidade* ou *multiplicidade* de coisas.

De igual modo, ao definir o *conceito* de *causalidade* em matéria de responsabilidade civil, o jurista não pode contentar-se com a pura relação *genética* a que as ciências naturais limitam o princípio da *causalidade*: nele terá forçosamente de incluir o ingrediente de carácter *ético*, que pressupõe a obrigação de alguém *reparar* o dano sofrido *por outrem*.

Esta elaboração *técnica* dos conceitos, que compõem o vasto arsenal do equipamento usado continuamente pela doutrina, requer a um tempo o *rigor* do trabalho do cientista e a *beleza* estética da obra de arte. Na análise percuciente das soluções subjacentes ao conceito, o jurista assemelha-se ao físico a quem nada deve escapar no exame microscópico da preparação posta sobre a lamela; na *formulação* do conceito, o seu labor lembra o do ourives empenhado em esculpir no metal dúctil dos vocábulos a carga significativa que o seu espírito pretende condensar.

III – A missão deontológica do homem de leis

8. O legista, como guardião da ordem jurídica

Mais importante, todavia, do que as duas tarefas profissionais discriminadamente postas a cargo do prático e do teórico do Direito, é a missão *deontológica* do homem das leis como supremo *guardião* da ordem jurídica.

Ao jurista não compete apenas fazer *leis*, interpretar ou aplicar o direito constituído, manipular conceitos doutrinários. A comunidade reclama dele ainda a *defesa* dos *valores* individuais ou sociais latentes no sistema jurídico. É uma função que compete a todo o *jurisconsulto*, em geral, e ao *Ministério da Justiça*, dentro do governo, em especial.

A defesa da *substância axiológica* do sistema pressupõe obviamente uma operação prévia de *definição* e *escalonamento hierárquico* dos valores dominantes da ordem jurídica, operação que ainda se inscreve na área da interpretação e integração da lei. É uma tarefa que pode, de algum modo, ser facilitada pela moderna tendência das assembleias legislativas para incluírem no texto das constituições os *princípios fundamentais* que hão-de orientar a vida política, económica, social e até jurídica de cada comunidade estadual. Mas que pode também ser dificultada pelas assembleias politicizadas que se revelem incapazes de sobrepor aos arranjos *conjunturais* das oligarquias partidárias os princípios *estruturais* exigidos pelo estatuto cívico da pessoa *perpétua* que é a nação.

Feito o levantamento *axiológico* autêntico do sistema, é ao *homem de leis*, tanto como ao educador em geral, pelo objecto do seu múnus profissional, que cabe a defesa permanente desse património moral contra as agressões de quem quer que seja, sem excepção das cometidas pelo próprio legislador. É ao *jurista*, já não sob a roupagem do *perito* de leis, mas sob a veste do *doutrinador* do Direito, que especialmente incumbe apontar as arbitrariedades cometidas à sua volta, chamando a si, na prova viril das suas alegações, a pena de Mestre Gil Vicente apostada no castigo dos vícios e desmandos da sua época.

9. Natureza e menção exemplificativa dos valores entregues à vigilância do jurista

Os *valores* confiados à missão *deontológica* do doutrinador do Direito não se confundem com os *conceitos* cuja elaboração se requer da *ciência jurídica.*

Os *conceitos doutrinários*, como o de *pessoa colectiva*, de *coisa*, *coisa divisível* ou *indivisível*, *obrigações*, *ónus real*, *conjunção* ou *solidariedade*, *compropriedade* e *propriedade de mão comum*, são puros instrumentos *auxiliares* da ciência do Direito, com uma função meramente *heurística*. Deles se não pode extrair senão o que neles prèviamente se introduziu.

Os *valores* encarnados no sistema, como o Direito à *vida*, à *liberdade*, à *segurança* ou ao *trabalho*, o *dever de agir de boa fé* por exemplo, não são produtos *secundários* manipulados no laboratório do cientista; são realidades *primárias* ou elementos *vivos* do organismo social, que funcionam como autênticas *fontes do Direito*, embora sob o controle *racional* para o efeito estabelecido na lei.

O primeiro dos *valores* tutelados pela ordem jurídica, segundo a concepção *personalista* cristã da sociedade civil, é o da *liberdade* do homem.

Não a liberdade do *marginal*, do *assaltante*, do *terrorista*, da abortadeira. Mas a *liberdade* traduzida no *poder de optar*, à luz dos ditames da consciência de cada um, entre os diferentes caminhos que servem os valores absolutos do *Bem* e da *Verdade*. Não a liberdade reconhecida e condenada através do *pecado original*, mas a liberdade iluminada pela morte redentora de Cristo no Alto do Gólgota.

A liberdade, assim genuinamente concebida, não representa um simples valor *instrumental*. Constitui, bem pelo contrário, um valor realmente *substancial*, como condição essencial para a realização plena da *personalidade.*

Outro valor fundamental, na mesma linha axiológica de pensamento, é o da *personalidade* – traduzido no respeito pela potencialidade criadora de cada homem. Não se trata dos meros atributos genéricos do *indivíduo*, como entidade *abstracta* artificialmente isolada no cadinho do liberalismo clássico e pronta a ser imolada nas aras da maioria democrática ou do totalitarismo estadual, mas da personalidade *concreta*, intangível, de cada homem como filho de Deus e como portador da mensagem singular nele inscrita pelo Criador da vida.

Outro valor capital na disciplina da vida social é o da *justiça*, em qualquer das formas que o pensamento *igualitário* situado na sua raiz pode revestir na plasmação jurídica das relações sociais: a justiça *comutativa*, nas relações entre contraentes de igual porte; a justiça *distributiva*, no relacionamento entre o Estado ou outros entes públicos e os particulares; a *proteção da parte mais fraca*, nas relações entre contraentes de desigual poder.

A definição *precisa* destes valores *essenciais* da comunidade assume particular acuidade em períodos de profunda transformação social, como o que o País atravessa desde Abril de 1974, e interessa de modo muito especial aos jovens licenciados da Faculdade de Ciências Humanas da Universidade Católica, a quem estas reflexões especialmente se destinam.

Vale assim a pena historiar, a traços necessariamente muito largos, as origens da revolução social desencadeada pelos acontecimentos de 74 e focar os pontos cruciais da *crise* que o País está sofrendo.

A REVOLUÇÃO DE 74 E A IMPRECISÃO DOS SEUS VALORES

10. Origens e génese da revolução

Embora a profunda e desordenada revolução política e social que se está processando entre nós date do movimento militar de Abril de 1974, certo é que as suas origens remontam a período anterior.

Desde há muito se radicara, com efeito, no espírito dos próprios servidores do antigo regime, a convicção generalizada da necessidade de adaptação das *velhas* instituições às *novas* realidades sociais da época subsequente ao rescaldo da segunda conflagração mundial.

Uns, mais sensíveis às carências dos pequenos meios rurais, pregavam a *evolução* do regime, tendo especialmente em vista uma política de *maior justiça social* na distribuição de rendimentos dentro de cada sector e na *repartição da riqueza* entre os diferentes sectores da produção. Outros, mais permeáveis às reivindicações das élites intelectuais e com os olhos postos nos grandes centros urbanos, sustentavam mesmo a necessidade de um *sistema* de maior *abertura política*, que fosse capaz de assegurar a participação de um maior leque de representantes da população na gestão da coisa pública.

O regime *autoritário* nascido do movimento militar do 28 de Maio em Braga, que incorporara os sentimentos de reacção da época contra os excessos do liberalismo individualista, conseguira durante os anos sombrios de 1939 a 1945, graças à firmeza e clarividência da sua política externa, poupar a juventude portuguesa aos horrores da guerra, ao mesmo tempo que preservara a integridade territorial, quer do continente e das ilhas, quer das vastas províncias do ultramar. Apesar disso, reconhecia-se que, em vários pontos, o sistema carecia da maleabilidade necessária para se ajustar às reivindicações sociais dos novos tempos, que a própria Igreja, à luz dos princípios evangélicos, não deixava de cobrir em larga medida. Quiseram, entretanto, as circunstâncias que a *transformação social* e *política, por muitos tida por* eminente, se viesse a processar, não por *evolução* natural das antigas instituições, como sucedeu no país vizinho, mas por via *revolucionária*, desencadeada com base na guerra do ultramar.

Três factores contribuíram decisivamente para o colapso dessa luta, cujo processamento ainda hoje constitui, no corpo martirizado da nação, uma ferida em aberto, longe da cicatrização. O primeiro foi o *imobilismo* da política relativa ao ultramar, com a subordinação da vida das populações ao espartilho fixado no Ministério do Ultramar e a recusa sistemática da autonomia *administrativa*, capaz de empenhar as élites locais na gestão dos seus interesses, dentro dos parâmetros próprios de uma comunidade *multirracial* e da soberania política *comum*. O segundo foi a perturbação que criou nos espíritos, sem excepção dos combatentes, o lançamento da idéia da *autonomia política progressiva*, que constituiu o primeiro fermento sério de desagregação da comunidade e fonte de *desmotivação* da luta pela manutenção da soberania portuguesa. O terceiro, mais importante, foi o da hábil, vasta e persistente manobra dos agentes comunistas que, a coberto da tese da auto-determinação dos povos e da ajuda militar aos movimentos terroristas, procuraram facilitar a conquista das posições estratégicas da África portuguesa para as áreas de domínio político da Rússia soviética. Os oficiais milicianos portugueses foram, a partir de certo período, os principais instrumentos, conscientes ou inconscientes, dessa política de hegemonia russa, gigantescamente assente sobre o falso *slogan* de que o branco estava em Angola, em Moçambique ou na Guiné para explorar o preto.

A *política de descolonização* que constituiu o remate dessa linha de acção, com os actos de verdadeira ignomínia a que deu lugar desde Macau ao Timor longínquo, com o abandono completo de muitos daqueles que lutaram pela causa portuguesa, com a entrega das populações aos regimes totalitários que as governam, constitui sem dúvida a página mais negra dos anais da história de Portugal.

Mas foi o sucessivo desmoronar da política de Portugal em relação ao Ultramar que precipitou o movimento do 25 de Abril e, com a revolução de 74, as profundas transformações políticas e sociais que se estão processando na comunidade nacional.

11. Novos valores implantados pela revolução

E quais os *novos* valores implantados pela revolução no seio da ordem jurídica nacional?

A revolução principiou, como todos sabem, por um período introdutório de profunda perturbação *emocional*, em que o partido comunista, uma das forças de vanguarda do movimento, aproveitando o impacto psicológico dos acontecimentos sobre a população e o clima de anarquia instalado no país, procurou alcançar um duplo objectivo: primeiro, lançar na *construção* do Estado, no seio da *família*, na estrutura das *empresas*, na exploração da *terra*, no funcionamento das *escolas* e no âmago do direito de propriedade as sementes revolucionárias da ideologia marxista; segundo, cobrir as soluções arrancadas em ambiente de verdadeira *anormalidade* com uma espécie de manto ético jurídico das conquistas *irreversíveis* da revolução, através dos mecanismos adequados da própria Constituição.

A constituição de 1976 representa, de facto, um espelho bastante fiel do espírito dessa época primo-revolucionária.

De 1976 por diante pesou já bastante, quer na actividade legislativa, quer no exercício da administração, a voz do bom senso do povo e a legítima aspiração da sã maioria da população de retorno a alguns dos princípios tradicionais da vida comunitária nacional.

A revisão constitucional de 1982 revela uma tímida inflexão doutrinária nesse sentido. Mas pode fundadamente afirmar-se, como vamos ver, que a *imprecisão* e a *contradição* continuam a ser as características gerais mais salientes dos novos textos legislativos, na *definição* dos *valores* que realmente interessam à construção da nossa ordem jurídica. Na impossibilidade de percorrer exaustivamente todos os elementos essenciais à vida política, social e económica, o nosso exame terá de cingir-se, a mero título exemplificativo, aos *valores* que respeitam às células fundamentais da sociedade civil.

Relativamente ao *Estado*, logo no artigo 2.º da Constituição se afirma que a República Portuguesa é um Estado de direito democrático, que tem por objectivo assegurar a transição para o socialismo.

Que espécie de *socialismo* é este, cabe naturalmente perguntar, que constitui objectivo *prioritário* do Estado português: o socialismo clássico, que limita a propriedade aos *bens de consumo* e substitui integralmente pela *economia dirigida* a economia de *mercado livre*? O socialismo *totalitário* das democracias populares, proclamadamente empenhado na realização da *democracia económica, social* e *cultural,* para que *expressis verbis* aponta o texto constitucional?

Como conciliar esta vocação socialista *obrigatória* do Estado, solenemente inscrita na Constituição, com a *liberdade* dos cidadãos e a prevalência da vontade da maioria respeitadas por toda a legalidade democrática?

Depois, não pode esquecer-se que, seja qual for o significado, *amplo* ou *restrito,* em que se tome a expressão, o Estado abrange apenas o complexo de órgãos detentores do *poder de soberania,* exteriores ao cerne da colectividade. O substractum fundamental do Estado português é obviamente a *nação* portuguesa, entidade que a nova Constituição sistematicamente substitui pela referência demagógica ao *povo,* para usar uma expressão que o período revolucionário carregou de sentido *segregacionista.*

Seja, porém, a nação, como se dizia na Constituição de 1933, seja o *povo,* como se proclama no artigo 3.º do novo texto constitucional, a entidade detentora da soberania, o que importa verdadeiramente saber é se a *comunidade portuguesa,* na instrução que ministra aos seus filhos, nas relações com as diferentes confissões religiosas, nos limites impostos à soberania dos seus governantes, é a sociedade *agnóstica, indiferenciada,* igual a qualquer outra forjada ao sabor das circunstâncias nos meandros das Nações Unidas, que resulta da actual Constituição, ou é a comunidade *milenária,* devidamente caracterizada pela história entre os povos europeus, que tem *passado,* e não apenas *presente,* no espírito e na alma dos seus membros?

Essa nação vocacionada para fazer *cristandade*, criadora de sociedades multi-raciais como o Brasil, que não só deu novos mundos ao mundo, mas ajudou as tribos selvagens a defender a vida, a combater a doença, a dominar a superstição e a feitiçaria, a crer em Deus amor, a lutar contra a miséria, a construir e a respeitar a família, levando a civilização e a cultura aos mais afastados recantos da terra, essa nação digna de emparceirar com os grandes povos do velho Continente morreu retroactivamente com o 25 de Abril, como se poderia depreender das infelizes palavras com que um dos actuais dirigentes políticos saudou, não há muito tempo, as autoridades moçambicanas?

Fenómeno de algum modo semelhante ocorre com a *sociedade familiar*, uma das células fundamentais da nação portuguesa.

Toda a revisão das leis da família, processada entre os anos de 1975 a 1977, assenta em grande parte sobre a concepção *inter-individual* do *casamento*, levada às mais absurdas consequências. A própria Constituição, numa fórmula sibilina que a revisão de 1982 deliberadamente não emendou, parece apostada em equiparar a família *de facto* à família *de direito*, ao invés do que faz, por exemplo, a Constituição democrática italiana, quando reconhece expressamente a *família* assente no *casamento* como verdadeira sociedade *natural*.

A *proposta de lei de Bases da Família*, que o Governo aprovou em 23 de Dezembro de 1981, assenta sem dúvida sobre uma concepção *radicalmente oposta*, que é a do carácter *institucional* da família. Mas a verdade é que os seus preceitos, logo contestados dentro do próprio Governo, ainda não passaram do limbo dos projectos *legislativos*.

Os próprios *direitos humanos*, entre os quais avulta o *direito à vida*, apesar da latitude com que são definidos e dos limites materiais impostos à revisão constitucional, estão longe de encontrar na ordem constituída uma definição *precisa* do seu alcance e, pior do que isso, a *garantia* da tutela adequada à sua real natureza.

Não conhecendo a *soberania* do Estado outro limite que não seja o da Constituição, nenhuma garantia cobre efectivamente a pessoa humana contra a *lei injusta* imposta pela vontade dos constituintes.

As consequências a que pode conduzir este *crasso positivismo legalista*, solto do pensamento *axiológico* em que verdadeiramente radicam os *direitos fundamentais do homem*, são bem fáceis de imaginar, no que concretamente se refere à *despenalização do aborto* ou à *restauração da pena de morte*.

E o mesmo cortejo de contradições e de imprecisões se observa dentro e fora da órbita constitucional, em relação a outros institutos de importância vital, como a *propriedade*, a *empresa*, e a própria *escola*.

A *propriedade* e a *iniciativa privada*, que são pressupostos essenciais da *liberdade* e corolários lógicos do direito de *personalidade*, aparecem *formalmente* consagrados na Constituição, mas de tal modo *asfixiados* pelo princípio da apropriação colectiva dos solos e dos bens de produção, pela *irreversibilidade* das nacionalizações, pela *planificação socialista* da economia e pela repartição *igualitária* da riqueza e dos rendimentos, cegamente considerada como o objectivo prioritário do sistema fiscal, que das suas fecundas virtualidades pouco resta de útil e proveitoso para o progresso da colectividade.

O lema da apropriação do solo, em certa zona geograficamente limitada do país, passou a ser o da *terra para quem a trabalha*, não o da terra para quem a adquiriu pelos clássicos modos de sucessão nos bens.

Mas como justificar essa discriminação de títulos de aquisição, em função da mera localização geográfica dos bens? Como legitimar o *confisco* ou a *expropriação* de quem, não cavando ou arroteando a terra, a *geriu* directamente, nela investindo o melhor da sua poupança? Quem pode garantir que as cooperativas que, pela força, se assenhorearam das terras na zona da reforma agrária, são realmente constituídas por quem trabalhava a terra e quem hoje as explora em seu exclusivo proveito?

No que se refere à actividade comercial e industrial, encontra-se hoje francamente superada a velha concepção que, confundindo a *empresa* com a *sociedade comercial*, apenas dava expressão jurídica aos interesses dos sócios ou accionistas. Reconhece a moderna doutrina que a *empresa*, como *unidade* empenhada na produção e distribuição de bens e de serviços, abrange simultâneamente accionistas e empregados e, de algum modo, os próprios consumidores.

De igual modo se pode afirmar que a *escola* não é pura pertença dos docentes e que os alunos, em lugar de constituírem mero *objecto* da actividade educativa, devem assumir dentro dela o estatuto de *sujeitos activos* da instituição, ao lado dos mestres.

Simplesmente, a realidade irrecusável desta *participação conjunta* nos fins *comuns* não exclui que sejam diferentes as funções que empregados e accionistas, alunos e professores, são chamados a desempenhar dentro da *empresa* e dos *organismos escolares*. E a essa diversidade de funções há-de naturalmente corresponder um *estatuto jurídico* criteriosamente *diferenciado*, que está longe, muito longe mesmo, de encontrar tradução adequada, quer na legislação laboral e sindical em vigor, quer na composição e nas atribuições dos actuais *conselhos directivos* e *científicos* dos institutos do ensino superior.

12. Exortação final

Quer tudo isto significar, minhas senhoras e meus senhores, que uma vasta e delicada tarefa de clarificação de valores essenciais à vida da comunidade se encontra reservada aos jovens juristas que, abandonando os bancos da Faculdade, iniciam neste momento a sua vida profissional.

E, dentro da sociedade pluralista a que se destinam, caberá aos juristas católicos um papel de especial responsabilidade, não apenas na *definição*, mas principalmente na *defesa* dos valores que devem orientar a sociedade civil portuguesa à luz dos sagrados princípios evangélicos.

É grande, muito grande, a vossa responsabilidade perante a mediocridade que hoje se assenhoreou de largos sectores do poder político. Mas não é menor a nossa esperança na vossa capacidade de resposta, porque é grande, muito grande, a nossa fé em Deus e nos destinos sagrados da Pátria, que confiadamente aposta na sua juventude.

APÊNDICE*

* O *Relatório Russell*, referido na *Nota de Abertura* e no *Comentário de Freitas do Amaral*, é, ao contrário dos outros textos aqui e ali referidos, de difícil acesso. Assim, para comodidade do leitor, é incluído neste apêndice.

PRISÕES E PRESOS EM PORTUGAL

UMA INVESTIGAÇÃO INDEPENDENTE
por
LORD RUSSELL DE LIVERPOOL

(1) O autor desta investigação é um antigo *Deputy Judge Advocate General*, do Quartel-General do Primeiro Exército (1942-43); Quartel-General das Forças Aliadas (1943-45); Quartel-General das Forças do Médio Oriente (1945-46); Quartel-General do Exército Britânico do Reno (1946-47); e *Assistant Judge Advocate General* (1951-54).

As suas publicações incluem "O Flagelo da Suástica" e "O julgamento de Adolf Eichmann".

Prisões e presos em Portugal

Durante os últimos dezoito meses têm sido várias as alegações feitas por determinadas organizações, como a Amnistia[1], acerca da tortura e maus-tratos de presos políticos em prisões portuguesas, assim como das condições em que estes vivem. Também já têm sido vários os artigos escritos, em certos jornais britânicos, que repetem as mesmas alegações.

[1] *NT (tradutor: Filipe Franco, filipefranco7@gmail.com): Amnistia Internacional.*

O Governo Português estava desejoso de ter um observador imparcial e com autoridade que pudesse investigar as condições das prisões e as alegações de tortura e maus-tratos de presos políticos, já que as refutações pelo Governo Português têm sido, ora ignoradas, ora desacreditadas. Fui abordado, em Março de 1963, para saber, se estaria preparado para aceitar tal investigação. Na altura, foi-me prometida liberdade total e acesso a todas as prisões e presos, tendo aceite o convite, com base neste entendimento.

Cheguei a Lisboa a 20 de Abril, e iniciei a minha investigação no dia 22, completando a mesma no dia 1 de Maio. Como prometido, foram-me dadas todas as facilidades para visitar todas as prisões e para ver e falar com qualquer preso de delito comum que eu desejasse entrevistar, ou que desejasse falar comigo. Para que me fosse possível, se necessário, comparar as condições em que viviam, por um lado, os presos de delito comum e, por outro, os presos políticos, visitei dois estabelecimentos penais nos quais apenas presos de delito comum cumprem pena.

Antes de deixar Lisboa, entrevistei, demoradamente, os Ministros da Justiça[2], do Interior[3] e, por fim, dos Negócios Estrangeiros[4], aos quais fiz algumas sugestões construtivas a respeito da prisão do Aljube (*qv*).

O Hospital-Prisão de Caxias
Visitado a 23 de Abril

Este hospital, extremamente bem-equipado e moderno, de 184 camas, foi terminado há menos de sete meses. Tem todas as comodidades possíveis, todos os aparelhos modernos e é semelhante a qualquer outra prisão moderna que já alguma vez visitei. Todos os presos políticos que estão a aguardar julgamento, ou que estão a cumprir penas de prisão em qualquer prisão portuguesa, são internados neste hospital, caso estejam seriamente enfermos, ou em necessidade de cirurgia ou tratamento hospitalar. Um preso político de Peniche estava internado no hospital, aquando da minha visita, e outros dois chegaram de Peniche na mesma tarde.

Entrevistei o preso de Peniche, António Correia Terruta, de 52 anos, que está a sofrer de um tipo de cancro no pescoço e que está para ser operado, brevemente.

[2] *NT* João de Matos Antunes Varela.

[3] *NT* Alfredo dos Santos Junior.

[4] *NT* Alberto Franco Nogueira.

De momento, está a cumprir uma pena de três anos por violar a lei enquanto membro ativo do Partido Comunista português. Quando falei com ele, estava num quarto individual, bem mobilado e decorado, e com uma janela grande com vista para o campo, sendo igual, senão melhor, a qualquer ala hospitalar que já alguma vez visitei em Inglaterra. O preso não tinha qualquer queixa.

Existe uma vasta equipa médica, incluindo três cirurgiões.

Prisão de Peniche
Visitada a 24 de Abril

Esta prisão está situada a oitenta quilómetros a norte de Lisboa, por trás das muralhas de um forte do século XVI. É uma prisão antiga que agora é inteiramente usada para presos políticos. No entanto, o interior dos edifícios é moderno e está em excelentes condições e, aquando da minha visita, havia obras de melhoramento em curso. Estes melhoramentos estão a cargo de presos de outras prisões. Assim que o trabalho termine regressarão às suas prisões respectivas.

Os presos políticos não estão em regime de isolamento, mas sim em quartos grandes e bem iluminados, cerca de dez por cada quarto, com cama e roupa de cama adequadas. É-lhes permitido uma hora e meia de exercício por dia num pátio com muita luz solar. Tomam as refeições juntos, podem passar duas horas por dia na biblioteca e, de manhã, entre as 7 e as 9 horas, podem ir juntos às casas de banho e aos banheiros. Entre estas horas têm acesso constante a água quente e, duas vezes por semana, a banhos. Nenhum preso político é forçado a usar roupa de prisioneiro e todos vestem a sua própria. A capacidade máxima da prisão de Peniche é de 140, havendo, neste momento, apenas 114 presos. Não existe sobrelotação.

Há uma moderna sala de exame médico e uma pequena e agradável enfermaria, com seis camas. O médico da prisão, com quem falei, está presente todos os dias e, caso considere necessário, transfere um paciente para o Hospital-prisão de Caxias.

A maioria dos presos de Peniche está a cumprir penas inferiores a três anos, seguidas de "medidas de segurança". Dois ou três estão a cumprir penas de dez anos mas estes foram condenados por crimes graves de traição, e um dos homens está a cumprir uma pena de vinte anos pela sua cumplicidade num plano para assassinar o Dr. Salazar, em Lisboa. Não existe pena de morte em Portugal, tendo sido abolida há quase cem anos. Também não existe pena perpétua.

Entrevistas a Presos de Peniche
Gonçalves, Mário Pedroso

Preso em Maio de 1958. Primeiro, no Aljube e, depois, em Caxias. Julgado em Dezembro de 1959.

Defendido pelo Dr. Figueiredo, de Lisboa. Comecei por explicar quem eu era, e informei-o que tinha sido convidado pelo Governo Português para investigar as prisões nas quais presos políticos estavam a aguardar julgamento, ou a cumprir penas. Disse-lhe que não havia motivo para ter medo de falar comigo, e que gostaria que fosse perfeitamente franco.

Expliquei-lhe o conteúdo de um artigo escrito sobre si, intitulado "Preso do Mês", publicado na *primeira* edição do boletim da Amnistia. Neste artigo, alegava-se, segundo lhe expliquei, que a sua saúde tinha vindo a sofrer terrivelmente na prisão e que, aqueles que o conheciam, afirmavam que teria sido espancado e torturado enquanto estava detido, a aguardar julgamento; que, por vezes, regressava de interrogatórios da P.I.D.E. num estado de inconsciência e que, fruto dos maus-tratos, os seus rins lhe doíam de tal forma que lhe causavam uma enorme ansiedade. Por fim, os seus companheiros de prisão decidiram organizar uma greve de fome, pois não conseguiam suportar mais os seus gritos. Foi apenas em Junho de 1961 que lhe foi dada permissão de ir ao hospital prisional. Enquanto hospitalizado, foi operado, e, um ano mais tarde, regressou a uma prisão de condições húmidas e imundas, onde a sua saúde lhe causava nova consternação.

Quando questionei Gonçalves, este contou-me uma história muito diferente. Quando foi preso tinha as mãos nos bolsos, onde as manteve, até que um polícia as puxou e lhe ordenou para ficar de pé e imóvel. Durante um dos interrogatórios, levou alguns golpes no rosto pela mão de um dos interrogadores. Não tinha sofrido quaisquer outros maus-tratos, e assegurou-me que o problema de rins, do qual sofria atualmente, não tinha sido causado nem por maus-tratos nem pelas condições sob as quais vivia na prisão. Afirmou que, de momento, estava a seguir uma dieta especial, e que estava a receber medicação e constante observação médica para o seu problema. Tinha-lhe sido dito que, caso a sua condição não melhorasse brevemente, seria transferido para o hospital prisional especial, recentemente inaugurado perto de Caxias, o qual já tinha inspecionado no dia anterior. A alegada história de que já tinha sido operado, ou hospitalizado, e depois regressado a um aposento imundo era, segundo o próprio, completamente falsa.

De resto, os aposentos, cozinhas, salas de jantar, salas de estar, e sala de exame médico e enfermaria estão impecáveis. A única parte da prisão que escapa ao alto nível de rigor do estabelecimento em geral é a sala onde os prisioneiros podem receber visitas. Não existem separatórias entre os prisioneiros, não havendo, portanto, muita privacidade. A maior parte das prisões que visitei tinham estas separatórias. Quando me foi mostrada esta divisão, chamada *prolatorium*, fui informado de que o interior seria renovado com o intuito de possibilitar aos presos conversas privadas com as suas esposas, ou outros parentes, sem risco de serem escutados pelos restantes presos.

Descobri também que as condições deste *prolatorium* já teriam sido melhores, mas estas últimas alterações tinham sido feitas após uma fuga em massa de Peniche, em Junho de 1961. A pena de Gonçalves está agora completamente cumprida, e até à data, já veio a cumprir vinte e dois meses por "medidas de segurança", mas é praticamente certo que em breve seja libertado.

Ramos, Dr. Orlando

Num artigo redigido pelo Sr. Neville Vincent, Q.C.[5], na edição de 13 de Abril de 1962 da revista *The Spectator*, este escreveu o seguinte sobre o Dr. Ramos: "35 anos, terminou a escola de medicina em 1951. Trabalhou para o Instituto Português de Oncologia a partir de 1955. Conferencista conceituado. Autor de vários artigos médicos. Em Julho de 1960, foi preso pela P.I.D.E.. Torturado por cinco dias e cinco noites. Encarcerado até à data do seu julgamento em 1961, no qual foi condenado a três anos de prisão, seguidos de "medidas de segurança". Tal sentença equivale praticamente a pena perpétua, estando, de momento, a viver no Forte de Caxias, sob uma atmosfera de terror e sob condições atrozes".

O Dr. Ramos confirmou o facto de ter sido preso em Agosto de 1960, e afirma ter sido interrogado, numa cela da prisão da P.I.D.E., em Lisboa (Aljube), durante dez dias, sendo-lhe incessantemente negado o sono. É possível que, tendo em conta outras investigações que conduzi, ele tenha sido sujeito a um interrogatório prolongado, dado o seu alto estatuto no Partido Comunista, mas é muito questionável que tenha sido por um período tão longo quanto dez dias. Também alegou ter sido mantido em regime de isolamento durante quatro meses numa das celas pequenas do Aljube (desde então, já

[5] *NT*: *Queen's Counsel* (advogado britânico de nível alto).

inspecionei as ditas celas – ver relatório separado sobre a prisão do Aljube). Foi depois transferido para Caxias e, seguidamente, para a prisão da P.I.D.E., no Porto. Afirmou-me estar de boa saúde e de não ter recebido quaisquer maus-tratos físicos. Concordou que as condições habitacionais de Peniche eram excelentes, mas queixou-se de, sendo a continuação dos seus estudos médicos a sua única ocupação, ter dificuldade em arranjar os livros de que necessitava para o fazer. Também se queixou de receber jornais censurados, com certos itens cortados. (Tive o interesse de descobrir, durante a minha visita ao Aljube, que lá os jornais não são censurados. É difícil perceber a razão pela qual a censura varia de prisão para prisão. A única explicação que me foi dada, apesar de pouca satisfatória, é que o Diretor de cada prisão pode ou não censurar os jornais, a seu critério). Ramos informou-me que, para certas ofensas, os prisioneiros eram colocados em celas especiais por períodos de catorze dias a um mês. Contudo, isto é uma prática comum nas prisões de muitos países civilizados e é permitido, pelo Direito português, nas prisões para crimes comuns, onde os presos podem ser sujeitos, pelo Diretor da prisão, à detenção numa cela de castigo, até um limite máximo de trinta dias.

O Dr. Ramos também se queixou do facto do sistema de "medidas de segurança" poder ser usado como uma pena perpétua para um preso político. Após várias investigações cuidadosas, posso seguramente dizer que um preso *muito raramente* cumpre mais do que três anos de pena por "medidas de segurança". Verifiquei esta declaração, feita pelo Dr. Ramos, junto dos Ministros da Justiça e do Interior. De momento, apenas três presos políticos, de um total de 325, estão a cumprir uma pena superior, sendo os três casos considerados crimes muito graves, incluindo o envolvimento, de um dos presos, numa conspiração para assassinar o Primeiro Ministro, Dr. Salazar. Também deve ser tido em conta que, terminado o período de três anos por "medidas de segurança", a decisão de o preso ser libertado, ou condenado a nova pena, cabe ao Tribunal que tem em conta o testemunho do preso, assim como a recomendação da P.I.D.E..

Lopes, Dr. Humberto

No mesmo artigo escrito pelo Sr. Vincent, intitulado "A VERGONHA DE PORTUGAL", este escreve: «O Dr. Humberto Lopes permanece na prisão. Depois de ter lá estado durante seis meses para investigação, foi libertado apenas para ser novamente preso por ter dado aconselhamento jurídico a outro preso político, no período em que estava detido... Por ter dado aconselhamento jurídico, o Dr. Lopes foi condenado a dois anos e meio de prisão, seguidos de seis meses de "medidas de segurança".»

Como sempre, isto é prorrogável e, apesar de ter cumprido a sua pena em Maio de 1960 e das várias solicitações feitas pela sua esposa, a P.I.D.E. ainda nada fez para o libertar. A versão do Dr. Lopes sobre o que lhe sucedeu, desde que foi preso pela primeira vez a 13 de Novembro de 1953, é a seguinte: Ele foi interrogado com alguma brutalidade e foi sujeito à "tortura da estátua", *i.e.*, forçado a estar de pé por várias horas. Também alega, em dada ocasião, ter sido espancado por um dos interrogadores da P.I.D.E. com um cassetete. Foi apenas julgado em Março de 1955 (ou seja, terá estado detido na prisão durante um ano e quatro meses, a aguardar o seu julgamento, no qual foi absolvido). Mais tarde, voltou a ser preso. O Dr. Lopes descreveu-me as circunstâncias da sua segunda detenção. Disse-me que, passado algum tempo da sua libertação, foram encontrados papéis na sala onde esteve detido. Um dos papéis, que ele confirmou ter sido escrito por ele, continha algum aconselhamento jurídico sobre um assunto privado, que tinha dado, a pedido, a outro preso. Nada havia de incriminatório neste aconselhamento. Mas outros papéis, esses sim de natureza incriminatória, foram descobertos na mesma altura. E que ele desconhecia. A acusação argumentou que, tendo encontrado o aconselhamento jurídico entre os outros papéis, provava-se que tinha conhecimento do conteúdo destes e, a 23 de Julho de 1957, foi condenado a dois anos e meio de prisão e a "medidas de segurança". Ele disse-me que a razão pela qual foi condenado a "medidas de segurança" foi por se ter sentido de tal forma exasperado com o veredicto do Tribunal, que perdeu a paciência e lhes disse, muito claramente, que não se dirigia a um verdadeiro Tribunal, mas sim a uma fraude. Mais tarde – e ainda segundo o seu relato – no fim da sua pena, a 22 de Julho de 1960, recebeu um perdão pelo seu desrespeito perante o Tribunal, e a partir dessa data as "medidas de segurança" entraram em vigor. Ainda se encontra na prisão de Peniche e já submeteu um pedido, como dita a regulamentação existente, para ser libertado a 22 de Julho deste ano.

Dr. Lopes é um advogado de elevado estatuto e um homem extremamente culto. É também um melómano e queixou-se de, só por duas ou três ocasiões na duração total da sua pena, ter sido permitido aos presos ouvirem música. (*N.B.* – Nas prisões comuns que visitei, os presos estão autorizados a ouvir a rádio nas suas celas e a assistir a concertos. No Estabelecimento Prisional de Lisboa, os presos não só têm a sua própria banda, como têm visitas de músicos que lá dão concertos entre outras coisas. Existe inclusive uma Sociedade de teatro amador, organizada pelos próprios presos.). O Dr. Lopes queixou-se de que, quando pediu ao chefe de guarda se se poderia adicionar um volume de Shakespeare à biblioteca da prisão, foi-lhe dito que o chefe de guarda nunca tinha ouvido falar de Shakespeare. Apesar dos presos de Peniche terem direito a fazer exercício físico num pátio com luz solar direta, não lhes é permitido jogar, apesar de ser permitido nas prisões civis normais.

O Dr. Lopes não tem uma personalidade apelativa, mas talvez seja por estar tão desgostoso. Demorei algum tempo a convencê-lo de que não era um polícia internacional, e mesmo tendo finalmente aceitado a minha identidade, ele foi extremamente evasivo. Mas, tendo em consideração a minha experiência em numerosos julgamentos de crimes de guerra, na Alemanha, concluí que as provas a respeito da alegada "tortura da estátua" deviam ser encaradas com grande reserva. A 23 de Julho de 1957, foi condenado a 22[6] anos de pena máxima. Seguidos de um período de detenção de seis meses a três anos por "medidas de segurança".

Apesar de ter interposto recurso, continua em prisão preventiva a aguardar a decisão do Tribunal de Recurso. O seu pedido foi indeferido e, consequentemente, só em Janeiro de 1958 começou a cumprir a sua pena. Esta última foi cumprida a 27 de Julho de 1960, quando as "medidas de segurança" entraram em vigor.

Tive a oportunidade de discutir o seu caso com o Ministro da Justiça e não tenho quaisquer dúvidas de que recebeu um julgamento justo.

Estabelecimento Prisional de Lisboa
Visitado a 25 de Abril

Esta é a principal prisão em Portugal para presos comuns, a cumprir penas superiores a três anos. Está situada no centro de Lisboa, e segue a célebre construção em "estrela". Contudo, o edifício está em excelente condição, as celas são espaçosas e é permitido aos presos terem ornamentos e outros pertences pessoais nas suas celas. Existe ainda um aparelho de rádio em cada cela, assim como uma sala de rádio operada pelos próprios presos, onde estes emitem os seus próprios programas e discos, para além da transmissão dos programas portugueses convencionais. Fora de muitas das celas, os presos têm

[6] *NT*: *sic*. Aventa-se como correcto "2", atendendo ao texto *supra*.

os seus próprios canários em gaiolas. Têm duas horas de exercício físico por dia e também praticam jogos. Enquanto lá estive, havia um jogo de basquetebol a decorrer. Visitei todas as oficinas onde fazem, *não sacos de correio*, mas sim mobília, caixas de cartão, torneiras e outros utensílios de canalização, assim como cromagem. Também existe uma ampla impressora completada com máquinas para litografia e tipografia, nas quais livros e panfletos do Governo são impressos e encadernados.

Tive a oportunidade de ver quase todos os presos, e de falar com qualquer pessoa que desejasse entrevistar, tendo ficado com uma impressão favorável.

Prisão de Caxias – Norte e Sul

Visitei ambas as prisões, a 25 de Abril, na companhia de um inspetor da P.I.D.E.. Primeiro, foi-me mostrada a Prisão a norte que está, de momento, vazia, enquanto é renovada e modernizada. Contudo, inspecionei os quartos onde os presos políticos vão ficar assim que a prisão estiver pronta. Cada uma destas divisões tem cerca de 11 metros por 8 e cada uma tem uma ampla janela que deixa entrar o sol. Muitos destes quartos têm uma sala de jantar anexada. Existe uma sala de exame médico adequada, uma boa sala de visitas com separatórias e está, ainda, para ser instalada uma cozinha moderna. A instalação sanitária e de banho é mais do que adequada, existindo aí algumas banheiras, assim como lavatórios.

Enquanto estas renovações são realizadas, alguns presos, que anteriormente lá estavam alojados, estão a ser transferidos para Caxias Sul que está, portanto, sobrelotada, havendo dezoito homens em cada quarto ao invés dos habituais dez. Assim sendo, ao invés de dormirem em dez camas, cinco em cada um dos lados do quarto, dormem em beliches de dois andares. Nesta prisão, tal como em qualquer outra, é permitido aos presos terem comida e bebida (não alcoólica) extra, que podem ser tanto compradas pelos próprios nas lojas da prisão, como trazidas, de vez em quando, por familiares em visita. Existem algumas presas políticas em Caxias Sul, mas não mais do que dez por cada quarto, tendo boas camas, lençóis limpos, etc. A condição geral desta prisão é inferior à de Peniche, facto que é reconhecido pelas autoridades, mas nenhuma melhoria foi feita, já que Caxias Sul está para ser fechada assim que as renovações de Caxias Norte terminem. Contudo, as condições nas quais os presos estão alojados, de momento, não podem ser consideradas más, e é certo que, em Novembro, passarão a ser excelentes.

Falei com a Dra. Julieta Gandra, uma médica conceituada de Luanda, Angola, que foi condenada a um ano de prisão, seguido de "medidas de segurança". De acordo com o artigo do Sr. Vincent, esta interpôs recurso contra a sua sentença, mas o recurso foi rejeitado e a sua pena foi prolongada de um em quatro anos. Ela afirmou-me que não lhe foi permitido estar presente no seu segundo julgamento. A posição jurídica é de que, se o seu recurso foi interposto com base em mera questão de Direito, a Dra. não teria sido autorizada a comparecer em tribunal.

No artigo do Sr. Vincent, alega-se que a Dra. Gandra está atualmente na fortaleza de Caxias, a sofrer de uma grave doença do fígado, com dores contínuas, e que lhe é negado qualquer tratamento médico adequado. Apurei junto do inspetor da P.I.D.E. que os presos estão autorizados a consultar um especialista da sua escolha, caso o desejem. Perguntei à Drª o porquê de não ter consultado um especialista, já que a própria, sendo médica, considerava estar a sofrer duma úlcera gástrica. Ela respondeu-me que gostaria de ser assistida pelo Dr. Edmundo Lima Bastos mas que qualquer pessoa que quisesse consultar um médico da sua escolha teria de pagar as despesas da consulta, assim como de radiologia, *etc.*. Como havia outras presas que não podiam suportar estas despesas, ela não estava disposta a desfrutar dum privilégio que lhes era negado. Ela deu-me o nome de outras três presas que, segundo ela, necessitavam do tratamento dum especialista. Albina Fernandez, que precisava de um ginecologista, Natália Martins, de um endocrinologista, e Aida Paula, de tratamento psiquiátrico. Depois de inquirir, consegui confirmar que Albina Fernandez consultou um especialista a 23 de Abril e que Natália Martins também consultou um, há cerca de um mês atrás.

Há cerca de dezoito presas políticas em Caxias. Quinze, incluindo a Dra. Julieta Gandra, são presas políticas que estão a aguardar julgamento e as restantes três, de Angola, eram suspeitas de estar envolvidas num movimento terrorista em Angola, mas estão para ser libertadas brevemente. Para além de um dormitório de cerca de 11 metros por 8, as mulheres também têm uma sala de estar das mesmas dimensões, anexada ao dormitório. Ambos os quartos têm uma janela grande, com um 1 metro por 2 de dimensão, que deixa entrar bastante sol durante a manhã e luz durante todo o dia, e todas as janelas têm vista para o mar. Tal como acontece com os presos políticos de Peniche, é permitido, tanto aos homens como às mulheres, ter alimentos extra, que podem ser comprados na prisão ou trazidos por visitantes. Enquanto estava na prisão, às 12:15, chegou um autocarro cheio de visitantes, e todos eles tinham cestos grandes repletos de comida, incluindo queijo, fruta, legumes e cereais.

Também visitei os dormitórios masculinos, onde alguns também têm salas de estar anexadas. Contudo, quando as renovações de Caxias Norte terminarem, haverá uma sala de estar para cada dormitório. Num destes, falei com o Padre Joaquim Pinto de Andrade. A 9 de Fevereiro de 1963, num artigo intitulado "CRIAR UMA LAICIDADE APOSTÓLICA EM ANGOLA", alegava-se que, segundo a agência de notícias DIA, de Leopoldville, a saúde do Dr. Andrade era motivo de grande preocupação. O artigo alegava ainda que "tínhamos de esperar o pior, sobretudo por se saber que a P.I.D.E. tinha aplicado medidas mais severas que o habitual ao Padre Andrade. A sua cela é tão pequena que é impossível mexer-se ... a sua cama está suja e cheia de pulgas e percevejos... o Padre Andrade está a sofrer de um problema de fígado. Tiraram-lhe os seus óculos, o seu relógio, os seus livros e a sua pasta, nada há que ele possa fazer naquela cela escura, quer pelo seu corpo, quer pela sua alma. Esta declaração foi sem dúvida escrita para descrever as condições em que o Padre Andrade vivia na prisão da P.I.D.E., no Aljube, antes de ser transferido para Caxias, onde me encontrei com ele. Ele repetiu a maior parte da história e, sem dúvida, parte dela é verdadeira. No entanto, ele está de boa saúde, e a sua descrição da cela onde esteve enclausurado é extremamente exagerada (ver página 15[7]). Curiosamente, no mesmo dia em que falei com Padre Andrade, a 25 de Abril, a Rádio Moscovo, numa emissão sobre os presos políticos portugueses, alegou que o Padre estava extremamente doente. Tanto quanto observei, e do que o próprio Padre me contou, isto foi uma completa fabulação.

O Padre Andrade ainda está a aguardar julgamento, mas pareceu-me agora estar de perfeita saúde - o que o próprio me confirmou. Estava a usar os seus óculos, e o seu relógio foi-lhe devolvido. Estava bem vestido e, quando entrei no seu quarto e mesmo antes de saber quem eu era, estava sentado à janela a ler um livro. Inspecionei o dossier do Padre Andrade e estou convencido de que era um membro ativo do MPLA (Movimento Popular de Liberdade de Angola). Ele é irmão de Mário Coelho Pinto de Andrade, membro ativo, e perigoso, do Movimento Juvenil do Partido Comunista Português (mais conhecido como M.U.D. Juvenil), tendo participado em várias conferências internacionais comunistas por todo o mundo e que, ainda a 27 de Setembro de 1962, participou numa conferência comunista em Leopoldville. É nesta zona

[7] *NT: V. infra* ("Quartel-General da P.I.D.E em Lisboa").

do Congo que um grande número de membros da tribo Bakongo é treinado em tácticas terroristas, antes de serem enviados para o norte de Angola, para participar em atividades terroristas.

Todos os outros presos masculinos que vi em Caxias Sul pareceram-me estar numa excelente condição física, e quer antes de entrar nos seus quartos, quer durante a minha conversa com estes, os restantes presos estavam ou a ler, ou concentrados na sua oficina, ou sentados a conversar uns com os outros. Apesar de ter falado com quase todos, nenhum se queixou do tratamento ou acomodação que recebia em Caxias.

Prisão do Aljube, Lisboa
Visitada a 25 de Abril

É um edifício pequeno e mal iluminado, do lado oposto à Igreja Catedral de Lisboa. Havia, no dia da minha visita, trinta e nove presos políticos detidos a aguardar julgamento. Para efeitos de interrogatório, eram transferidos para o Quartel-General da P.I.D.E.. Há treze celas pequenas, e os vinte e seis presos restantes estão alojados noutros quartos onde é possível ter quatro camas, sem sobrelotar. No andar de cima, há outros doze quatros, maiores e mais bem iluminados, num dos quais está um ex-Major da Força Aérea Portuguesa que foi um dos líderes de uma rebelião contra o Governo de Angola, mas que foi preso antes da rebelião acontecer.

A atmosfera geral da prisão, à excepção do piso superior, é de prostração e soturnidade e os reclusos parecem estar muito diferentes dos presos das outras prisões.

Aqueles que estão confinados às celas pequenas, quando os vi, pareciam animais enjaulados. Tentei falar com um deles, que estava na cela 13, mas ele limitou-se a olhar para mim, como se tivesse visto um fantasma. Havia um jovem de cor, de Angola, noutra cela (penso ter sido na nº 16) com quem falei. Apesar de a minha identidade lhe ter sido explicada, ele parecia estar aterrorizado enquanto falei com ele através de um intérprete, tremendo incessantemente. Antes de entrarmos na cela, estava completamente escuro (isto ocorreu a meio do dia, quando no exterior estava céu limpo), e mesmo depois de ligar a luz, era impossível ler.

Contudo, ele afirmou que, apesar de estar alojado em condições terríveis, não tinha sido maltratado fisicamente. Estas treze celas são muito pequenas, havendo apenas espaço para uma cama, com 30 centímetros de espaço de sobra entre a cama e a parede. Os prisioneiros do Aljube não praticam exercício físico, já que não existe um espaço para o fazerem, e nem nas suas celas têm espaço para andar. Também não lhes é permitido ler nem ter qualquer outra atividade recreativa. Em alguns casos, por períodos de 2 a 3 meses, os presos são abandonados nestes calabouços escuros, já que, no fundo, é assim que são mantidos, sozinhos com os seus pensamentos.

O inspetor da P.I.D.E., que me guiou pela prisão, admitiu que se sentiam muito envergonhados com estas condições e que, assim que Caxias Norte estivesse pronta, Aljube não seria mais usada. *Não obstante, na minha opinião, os trinta e nove presos do Aljube poderiam, entretanto, ser temporariamente transferidos para Caxias Sul, sem grandes dificuldades. Caso tal não fosse possível, uma ala de outra prisão deveria ser destinada a alojar estes presos, até as suas novas instalações estarem prontas.*

Contudo, estas celas, estreitas e escuras, não são tão más quanto as descritas pelo Padre Andrade. Ele afirmou-me ter ficado confinado, durante meses, a uma cela tão pequena que nem conseguia erguer as pernas ou sentar-se na cama. O que não é verdade, pois apesar de as celas serem escuras, estreitas e frias, estas têm 4 metros de altura. Inspecionei esta prisão, de cima a baixo, e todas as portas fechadas foram abertas, a meu pedido. Não havia nenhuma cela como a que me foi descrita pelo Padre Andrade, facto que me foi confirmado por José Bernardino, outro membro ativo do Partido Comunista, a aguardar julgamento, que me fez um desenho para mostrar a localização das treze celas.

Num artigo publicado pelo *Observador*, a 4 de Março de 1962, escrito por um Sr. Michael Moynihan, havia uma citação do Sr. Neville Vincent, advogado londrino, que dizia: "deve haver cerca de 1000 pessoas amontoadas nas duas prisões políticas portuguesas, Caxias e Aljube". Não tenho ideia de quem forneceu esta informação ao Sr. Vincent, mas ele foi certamente muito mal informado. Esse número nunca seria possível e, na realidade, o número de presos em Caxias e Aljube, a essa data, era de 233. Quando visitei ambas as prisões, a 25 de Abril deste ano, havia 114 presos em Caxias e 39 no Aljube, num total de 153. A soma total de presos condenados pelos Tribunais por crimes contra a segurança do Estado, e que, de momento, estão detidos é de 353.

Presos questionados por mim na prisão do Aljube, a 25 de Abril

José Bernardino, segundo o que a Sra. Hart disse no seu relatório à Conferência, era a perfeita ilustração do sofrimento humano infligido àqueles que ousavam expressar-se. Bernardino, segundo ela, foi preso em Junho, e sujeito a dois períodos sucessivos de "tortura da estátua", sendo obrigado a ficar acordado por nove dias e sete dias, respetivamente. A sua audição, segundo alegava, foi gravemente afetada, a sua saúde destruída, e ainda não tinha sido chamado a tribunal. A ideia desta tortura terá advindo, sem dúvida, da tortura "Stehzelle" que era aplicada aos prisioneiros de Auschwitz, entre outros campos de concentração, pelos guardas da S.S., durante a guerra de Hitler. "Stehzelle" implicava ficar de pé, ou de joelhos, durante horas (e por vezes, dias) seguidas, numa cela estreita e escura concebida para este propósito. Procurei por todos os cantos de todas as prisões, e pedi que fosse aberta qualquer porta que poderia estar a esconder algo, mas não encontrei nenhum sítio onde esta tortura pudesse ter sido executada. No entanto, é obviamente possível manter uma pessoa de pé por uma longa duração de tempo, apesar de não demorar muito até esta desmaiar.

Tive uma longa conversa com Bernardino, na prisão do Aljube, no escritório do Diretor, sem que mais ninguém estivesse presente. Ele, tal como todos os outros presos, não tinha recebido qualquer informação sobre a minha visita e, como tal, estava obviamente desconfiado, especialmente depois de lhe dizer que me tinham sido dadas todas as facilidades, por parte do Governo Português, para visitar todas as prisões portuguesas nas quais havia presos políticos, tanto a aguardar julgamento, como a cumprir pena, e para falar com qualquer preso que indicasse. Assegurei-lhe, previamente, de que não era o Bertrand Russell e expliquei-lhe que não era nem polícia, nem membro da Interpol, mas sim um membro comum da Câmara dos Lordes e advogado. Por fim, depois de lhe mostrar a minha carta de condução com uma fotografia minha, ele ficou seguro da minha identidade e falou livremente.

Já me tinham sido dados alguns detalhes do dossier de Bernardino e ele não contestou o facto de que era secretário de várias organizações estudantis que o Governo Português considerava subversivas, e que tinha sido, e que continuava a ser, apesar de estar de preso, um dos membros dirigentes do Partido Comunista Português.

Ele repetiu, mais ou menos nos mesmos termos, as alegações de brutalidade mencionadas pela Sra. Hart. Talvez seja mais do que uma coincidência que as únicas alegações que me foram feitas deste tipo de maus-tratos, estilo Gestapo, foram feitas por três presos que são, inequivocamente, membros dirigentes de partidos comunistas de Portugal e Angola. Excetuando uma das queixas feitas por um preso, sobre ter sido esbofeteado, nenhum outro preso que questionei se queixou de maus-tratos físicos, e note-se que falei com vários sem que estes soubessem antecipadamente da minha vinda. Pelas razões dadas no relatório da minha visita ao Quartel-General da P.I.D.E., em Lisboa, estou convencido de que seria fisicamente impossível realizar a "tortura da estátua", como descrita pelo Dr. Orlando Ramos e por José Bernardino. Em Dezembro, a Sra. Judith Hart relatou que quando visitou Portugal, no Verão anterior, a audição de Bernardino estava gravemente danificada e a sua saúde destruída. Ele terá certamente feito uma recuperação impressionante. A sua audição está normal, o seu raciocínio é rápido e perceptivo, e a sua saúde está excelente. Além disso, quando o questionei sobre a sua saúde ele afirmou estar bem.

De momento, Bernardino está aguardar o seu julgamento que está marcado para Julho. Entretanto, partilha a sua cela com dois outros presos, cujos interrogatórios também estão concluídos, num quarto de 36 m2. Cada um dos homens tem a sua cama, e há, ainda, três cadeiras e uma mesa grande. Mas, tal como todas as outras celas do Aljube, é escura e com pouca circulação de ar. Bernardino afirmou que, à parte da "tortura da estátua" durante o seu interrogatório, não recebeu quaisquer outros maus-tratos físicos.

Prisão Escola de Leiria
Visitada a 26 de Abril

Este estabelecimento é semelhante a uma das nossas instituições Borstal[8]. Está situada na periferia da cidade histórica de Leiria, num espaço belíssimo, onde todos os presos têm entre dezoito e vinte e cinco anos de idade, devendo estar a cumprir uma pena superior a 6 anos.

A maior parte do trabalho é agrícola, sendo que a prisão tem as suas próprias vinhas onde fazem vinhos e aguardente excelentes. O alojamento é melhor do que o normal.

Existe um edifício especial onde os presos que não estão autorizados a trabalhar no campo estão alojados. Têm quartos agradáveis, uma boa sala de jantar e uma sala recreativa, e os presos não são trancados nas suas celas. As janelas da maior parte dos quartos, assim como da sala recreativa, têm vista

[8] *NT*: centros de detenção juvenil, ou seja, reformatórios, comuns no Reino Unido.

para os campos. Todos estes jovens trabalham em Leiria, seja em ofícios nos quais já tinham experiência antes de terem sido presos, ou nos quais são agora aprendizes. Pude vê-los a todos e perguntei-lhes em que ofícios trabalhavam, e todos me pareceram extremamente felizes e saudáveis.

Perguntei ao Diretor sobre a percentagem de presos, da sua prisão, que voltavam a ser presos depois de cumprir a sua pena na Prisão Escola. Ele mostrou-me os valores e era uma percentagem extremamente baixa – abaixo dos 6 por cento.

Prisão da P.I.D.E. no Porto
Visitada a 27 de Abril

É uma prisão muito pequena, sob a tutela da P.I.D.E., onde um pequeno número de presos políticos fica, por vezes, detido durante o período de interrogatório, apesar de a maior parte deste processo ser normalmente feito na prisão do Aljube. O edifício onde ocorrem os interrogatórios, e onde ficam os escritórios, é uma antiga habitação. É bastante ampla, bem equipada, e extremamente discreta. Todo o primeiro andar, que conduz às salas de interrogatório, é uma galeria com pavimento de madeira iluminada por uma clarabóia. Inspecionei todas as salas de interrogatório, que estão bem decoradas, com pavimento de madeira, uma mesa e duas cadeiras normais. As cadeiras do interrogador e do interrogado são iguais, e todas as salas estão bem iluminadas.

De momento, o número total de presos nesta prisão é de sessenta e três. Destes, catorze não são presos políticos, mas sim portugueses que emigraram ilegalmente para outros países e que foram, entretanto, repatriados para Portugal. Caso seja este o seu primeiro ilícito, a muitos ser-lhes-á concedida liberdade condicional e a pena mais severa será de cerca de um mês. Os restantes vinte e dois são presos políticos. Dois deles aguardam julgamento e os outros vinte estão a cumprir pena. Todos estes presos políticos estão alojados em amplos quartos, iluminados, quer por uma clarabóia, quer por uma janela grande. Todos eles têm camas e roupa de cama. Assim que Caxias Norte terminar as suas renovações, e estiver pronta para dar alojamento, estes presos serão transferidos para lá, já que não é habitual manter presos nesta prisão, à parte aqueles que aguardam julgamento ou que estão a ser interrogados. Falei com vários presos e expliquei-lhes quem era, mas nenhum deles teve qualquer reclamação a fazer sobre o seu alojamento ou tratamento.

Quartel-General da P.I.D.E. em Lisboa
Visitado a 30 de Abril

Tendo-me sido dadas todas as facilidades que me foram prometidas, tendo visitado todas as prisões em que presos políticos, ora estão a aguardar julgamento, ora estão a cumprir as suas penas, e para mais, tendo visitado outras prisões civis comuns para que pudesse comparar as condições de vida de presos comuns com as de presos políticos, tive uma conversa final com o Diretor da P.I.D.E., no seu quartel-general, na companhia do Inspetor Passo que me acompanhou nas minhas visitas a Caxias e ao Porto.

Disse ao Diretor que sabia que era o primeiro estrangeiro a receber permissão para visitar todas estas prisões, e para interrogar os presos que quisesse e que, tendo ponderado profundamente sobre o assunto, tinha apenas uma crítica séria a fazer acerca das treze celas apertadas e escuras, da prisão do Aljube, onde os presos eram detidos durante o período de interrogatório, por vezes durante várias semanas. O Diretor respondeu-me da mesma forma que o Inspetor Passo, assim como veio a responder o Ministro do Interior, com quem falaria mais tarde nesse mesmo dia: assim que as renovações de Caxias Norte estiverem concluídas, praticamente todos os presos serão transferidos do Aljube para Caxias, e os que permanecerem ficarão detidos no Aljube apenas por alguns dias, enquanto são interrogados no Quartel--General da P.I.D.E.[9] Quando falei com o Ministro do Interior, nessa mesma noite, mencionei esta crítica e, depois de me dar uma resposta semelhante, confessei-lhe que esperava que os presos que fossem mantidos no Aljube, durante o período do seu interrogatório, não tivessem de ficar alojados nessas celas. Expliquei que compreendia a inviabilidade de, durante o período de interrogatórios, permitir aos presos interrogados misturarem-se com os que estão prestes a sê-lo. Contudo, tendo em conta que apenas alguns dos presos ficarão detidos, insisti que seria seguramente possível fechar por completo as celas pequenas, e alojar estes presos nos quartos maiores do último andar, onde o ex-Major da Força Aérea Portuguesa estava detido. Caso não houvesse quartos suficientes para alojar todos os presos que estão a ser interrogados, ou a aguardar interrogatório, seria certamente possível construir pelo menos doze novas celas, no andar inferior, o que permitiria alojar um total de vinte e quatro presos. O que seria suficiente, tendo em conta que o Quartel-General da P.I.D.E. tem apenas cinco salas de interrogatório.

[9] *NT* A prisão do Aljube encerrou em 1965.

Inspecionei o Quartel-General da P.I.D.E. de cima a baixo. Visitei todas as salas de interrogatório: pareceram-me simples, com 2 por 4 metros de dimensão, com uma mesa e duas cadeiras. Cada sala tem uma ampla janela que deixa entrar bastante luz e ar. Assisti aos interrogatórios de vários presos e falei com cada um deles, tendo primeiro pedido ao Inspetor que saísse da sala. Todos me pareciam estar de excelente saúde, e falaram livremente. Nenhum deles cometeu uma ofensa grave e serão certamente libertados após o interrogatório. Um dos presos a ser interrogado era um jovem de cor, de Angola, que tinha visto há cinco dias atrás numa das celas escuras do Aljube. Até à data da sua detenção, há duas semanas atrás, este jovem era um estudante de Direito na Universidade de Coimbra. Tal como escrevi no meu relatório aquando da minha visita ao Aljube, na altura ele pareceu-me extremamente assustado, tremendo incessantemente. Já quando o vi no Quartel-General da P.I.D.E., ocasião em que pareceu muito surpreso por me ver novamente, apresentou-se-me como um homem completamente diferente. Aparentemente, apercebeu-se de que, se contasse toda a verdade, não iria a tribunal já que não tinha estado envolvido em nenhuma atividade subversiva. Para além disso, foi-me dito que, ainda antes da semana terminar, ele será libertado e devolvido à Universidade. Estas salas onde decorrem os interrogatórios são as mesmas que o Sr. Neville Vincent descreveu, no artigo intitulado "A VERGONHA DE PORTUGAL" da revista *The Spectator*, a 13 de Abril de 1962, como sendo aquelas em que pessoas "já perdidas da cabeça são colocadas em salas com paredes amarelas, pintadas de azul no topo. Estas pessoas, interpretando o azul como sendo o exterior, correm e saltam pelas paredes, levando a consequências terríveis". De facto, estas salas estavam anteriormente pintadas como descritas pelo Sr. Vincent. As paredes eram amarelas, como aliás continuam a ser, e o teto estava pintado de azul. Contudo, qualquer um que conheça o Sul de França ter-se-á deparado com velhas casas de época, em que os quartos estão decorados exatamente da mesma forma. Tendo eu próprio inspecionado as salas de interrogatório do Quartel-General da P.I.D.E., tenho dificuldade em acreditar que os presos que nelas entraram, quando estas estavam pintadas de azul e amarelo, se comportaram como descrito pelo informador do Sr. Vincent.

LISBOA,
2 de Maio de 1963

PRISONS AND PRISONERS
IN
PORTUGAL

AN INDEPENDENT INVESTIGATION

by

LORD RUSSELL OF LIVERPOOL

Price 2/-

The author of this independent enquiry is a former Deputy Judge Advocate General, HQ First Army (1942-43); Allied Forces Headquarters (1943-45); GHQ Middle East Forces (1945-46); HQ British Army of the Rhine (1946-47); and Assistant Judge Advocate General (1951-54).

His publications include " The Scourge of the Swastika " and " The Trial of Adolf Eichmann ".

An abridged version of this report has been published in the Daily Telegraph.

PRISONS AND PRISONERS IN PORTUGAL

During the past eighteen months there have been a number of allegations made by certain organisations such as Amnesty of the torture and ill-treatment of political prisoners in Portuguese prisons and of the conditions in which they live. A number of articles have also been written in certain British newspapers repeating these allegations.

The Portuguese Government were anxious to get some impartial and authoritative observer to enquire into prison conditions, allegations of torture and the ill-treatment of political prisoners, as all denials by the Portuguese Government are either disregarded or disbelieved. I was approached in March, 1963 to see whether I would be prepared to undertake such an investigation. At the same time I was promised that I would be given a completely free hand and would have access to all prisons and prisoners and I agreed to do this on that understanding.

I arrived in Lisbon on the 20th April and started my investigation on the 22nd, completing it on the 1st May. As promised I was given every facility to visit all the prisons and to see and talk with any prisoners whom I wanted to interview or who wanted to talk to me. In order to be able, if necessary, to compare the conditions in which ordinary criminal prisoners live with the conditions in which political prisoners live I visited two penal establishments in which only ordinary criminal prisoners are held.

Before leaving Lisbon I had long interviews with the Minister of Justice, the Minister for the Interior, and lastly the Foreign Minister, to whom I made certain constructive suggestions, particularly about Aljube prison (*qv*).

THE PRISON HOSPITAL AT CAXIAS

Visited on 23rd April.

This extremely modern and well-equipped hospital of 184 beds was completed less than seven months ago. It has every possible convenience and every modern apparatus and is equal to any modern hospital I have ever visited. All political prisoners who are awaiting trial or serving sentences of imprisonment in any of the Portuguese prisons, if seriously ill or in need of special hospital treatment or surgery, are admitted to this hospital. One political prisoner from Peniche was in the hospital when I visited it and two others arrived from Peniche that same afternoon.

1

I interviewed the prisoner from Peniche, Antonio Correia Terruta, aged 52, who is suffering from a form of cancer in the neck and who is shortly to be operated upon. He is at present serving a sentence of three years for infringing the law as an active member of the Communist Party in Portugal. When I spoke to him he was in a single room, well furnished and decorated with a large window looking out over the countryside equal, if not better, to any private ward I have ever visited in any English hospital. He had no complaints.

There is a large medical staff, including three surgeons.

PENICHE PRISON

Visited on 24th April.

This prison is situated fifty miles north of Lisbon within the walls of a 16th century fort. It is an old-established prison now entirely used for political prisoners. The buildings inside, however, are very up-to-date and in excellent condition and further work on improving them was in progress during my visit. This work is done by ordinary prisoners who come from other prisons. When the work is completed they return to their own prisons.

The political prisoners are not in solitary confinement but are housed in large well lit rooms, about ten to each room, with proper beds and bedclothes. They are allowed one-and-a-half hours exercise each day in a bright sunlit courtyard. They take their meals together and may spend two hours daily in the library, and in the morning between 7 and 9 may go to the washrooms and bathrooms together. Between these hours there is constant hot water every day and baths are available twice a week. No political prisoners are forced to wear prison clothing and they all wear their own. The maximum capacity of Peniche is 140, but at present there are only 114 prisoners there. There is no overcrowding.

There is an up-to-date medical inspection room and a pleasant light sick-bay containing six beds. The prison doctor, whom I saw, attends each day and if the doctor considers it necessary the patient is removed to Caxias prison hospital.

Most of the prisoners in Peniche are serving sentences of less than three years with ' security measures '. Two or three are serving sentences of ten years but these have been convicted of serious crimes of a treasonable nature and one man is serving a sentence of twenty years because of his complicity in a plot to kill Dr. Salazar in Lisbon. There is no death penalty in Portugal. It was abolished almost a hundred years ago, nor is there any term of life imprisonment.

2

Interviews with Prisoners at Peniche.

GONCALVES, Mario Pedroso.

Arrested May, 1958, first at Aljube and then at Caxias. Tried December, 1959. Defended by Dr. Figueredo of Lisbon. I first explained who I was and told him that I had been invited by the Portuguese Government to inspect the prisons in which political prisoners are awaiting trial or serving their sentence and told him that he need not be afraid of talking to me and that I wanted him to be perfectly frank with me.

I explained the contents of an article written about him entitled PRISONER OF THE MONTH in the first issue (March, 1963) of Amnesty's bulletin. In this article it was stated, I told him, that his health had suffered terribly in prison and that those who knew him claimed that he had been severely beaten and tortured whilst in prison awaiting trial and that sometimes he returned from interrogations by the P.I.D.E. in a state of unconsciousness and that, as a result of his ill-treatment his kidneys caused him so much pain that they gave rise to the greatest anxiety. Eventually his prison companions staged a hunger strike as they could no longer bear his screams. It was only then in June, 1961 that permisison was granted for him to attend the prison hospital. Whilst in hospital he was operated upon and after a year returned to filthy damp prison conditions, where his health is giving rise to fresh anxieties.

When I questioned Gonçalves he told a very different story. When arrested he had his hands in his pockets and kept them there and a policeman pulled his hands out and told him to stand at attention. Once during interrogation he was hit on the face a couple of times with the hand of one of the interrogators. He had suffered no other ill-treatment and he assured me that the kidney trouble from which he is now suffering was not in any way caused by any ill-treatment or the conditions under which he lived in prison. He stated that at the present time he was on a special diet and was being given medication for his complaint and kept under constant medical observation. He had been told that if his condition did not soon improve he would be taken to the special prison hospital quite recently opened near Caxias and which I had already inspected on the previous day. The story that he had already been operated on in hospital and then returned to damp quarters, he told me, was totally untrue.

Incidentally, the living quarters, kitchens, dining rooms, recreation rooms, and the medical inspection room and sick bay are impeccable. The only part of the prison which is not in keeping with the high standard of the general accommodation is the room where the prisoners are allowed to see

3

visitors. There are no partitions dividing one prisoner from another and there is, therefore, little privacy. In most of the other prisons I visited there were partitions. When I was shown this room, which is called the prolatorium, I was told that the interior was shortly going to be altered and this would ensure that prisoners could have private conversations with their wives and other relatives without the other prisoners being able to overhear.

I also discovered that conditions in the prolatorium were previously better but that these alterations had been made after a mass escape from Peniche in June, 1961. Gonçalves' sentence has now been fully served and he has also served twenty-two months of his 'security measures' but it is practically certain that he will soon be released.

RAMOS, Dr. Orlando

In an article written by Mr. Neville Vincent, Q.C., in the *Spectator* of the 13th April, 1962 he wrote the following about Dr. Ramos: "Aged 35, completed medical school 1951. Worked for the Portugal Cancer Institute since 1955. Well-known lecturer. Author of several medical papers. In July, 1960 was arrested by P.I.D.E. Tortured for five days and five nights. Kept in prison until his trial in 1961 when he was sentenced to three years' imprisonment to be followed by 'security measures'. This virtually means life sentence and he is now in Caxias Fortress living in an atmosphere of terror and under appalling conditions."

Dr. Ramos confirmed the fact that he was arrested in August, 1960 and said that he was interrogated in a cell in the P.I.D.E. prison in Lisbon (Aljube) for ten days incessantly without being allowed any sleep. It is possible, from other investigations I have made that he was subjected to a very lengthy interrogation, for he is an important official in the Communist Party, but it is very doubtful whether it was for such a long period as ten days. He also stated that he was kept in isolated confinement for four months in one of the tiny cells in Aljube (I have since inspected these cells, see separate report on Aljube prison). He was then transferred to Caxias and thence to the P.I.D.E. prison in Oporto. He told me that he was in good health and that he had not been physically ill-treated in any way. He agreed that the living conditions in Peniche are excellent but complained that his only occupation there was to continue his medical studies and that he found difficulty in getting the books he required to do this. He also complained that newspapers which he was given to read were censored by certain items being cut out. (I was interested to discover

4

during my visit to Aljube that there the papers are not censored. It is difficult to understand why this should vary in different prisons. The only explanation which I have so far been given, not very satisfactory, is that the Governor of each prison can use his discretion whether or not to censor the papers.) Ramos told me that for certain offences the prisoners were kept in a special cell for periods of from fourteen days to one month. This, however, is common practice in the prisons of many civilised countries and is allowed by Portuguese law in the prisons for ordinary criminals where they can be sentenced by the prison Governor to detention in a punishment cell for a maximum of thirty days.

Dr. Ramos also complained that the system of 'security measures' means in effect that a political prisoner can be kept in prison for life. I made very careful enquiries and am satisfied that it is *very rarely* that a prisoner serves more than a three year's period of 'security measures'. This statement by Dr. Ramos I have checked both with the Minister of Justice and the Minister of the Interior. At the present moment only three political prisoners, out of a total of 325, are serving a longer term and in all three cases their crimes were very serious, one of them having been implicated in a plot to assassinate the Prime Minister, Dr. Salazar. It should also be borne in mind that at the termination of a period of three years' 'security measures' the question of whether the prisoner is released or sentenced to a further term has to be considered by the Court, who take into consideration the prisoner's own statement and the recommendation of P.I.D.E.

LOPES, Dr. Humberto.

In the same article written by Mr. Vincent entitled THE SHAME OF PORTUGAL he wrote "Dr. Humperto Lopes remains in prison. After being there for six months for investigation he was set free only to be re-arrested for giving legal advice to another political prisoner when in custody. . . For giving this advice Dr. Lopes was sentenced to two-and-a-half years' imprisonment to be followed by six months' 'security measures'." As always, this is extendable and although his sentence was completed in May, 1960 and in spite of frequent entreaties by his wife, P.I.D.E. has done nothing to free him. Dr. Lopes' own version of what has happened to him since his first arrest on the 13th November, 1953 is as follows :— He was interrogated with some brutality and made to undergo the statue ill-treatment, *i.e.*, kept in an upright position for several hours. He also says that on one occasion he was beaten by one of the P.I.D.E. interrogators with a truncheon. He was not tried

5

until March, 1955 (that is to say, he spent one year and four months in prison awaiting trial and at his trial he was acquitted). Later he was re-arrested and Dr. Lopes described the circumstances of his second arrest. He told me that some time after he left prison some papers were found in the room in which he had been kept in custody. One piece of paper which he acknowledged to have been written by him contained some legal advice on a private matter which he had given on request to a fellow prisoner. There was nothing incriminating in this advice. Other papers were discovered at the same time of an incriminating nature about which he was totally ignorant. The prosecution submitted that because his legal information was found with the other papers that this proved his knowledge of their contents and on the 23rd July, 1957 he was sentenced to two-and-a-half years' imprisonment and 'security measures'. He told me that the reason why he was sentenced to 'security measures' was that he was so exasperated at the Court's verdict that he lost his temper and told them in no uncertain words that they were not a Court and that they were 'nothing but a fraud'. Later, at the expiry of his sentence on the 22nd July, 1960, he received a pardon in respect of his contempt of Court and from that date the 'security measures' came into force. He is still in Peniche prison and has already put in his application, in accordance with the standing regulations, to be released on the 22nd July this year.

Dr. Lopes is a lawyer of some standing and an extremely cultured man. He also happens to be very musical and complains that only on two or three occasions during the whole of his prison sentence have the prisoners been allowed to hear any music. (N.B.—In the ordinary prisons which I have visited prisoners are allowed to have radio sets in their cells and to attend concerts. As well as having a band of their own in the Lisbon Penitentiary artistes attend from time to time to give concerts and other purposes and they also have an amateur dramatic Society which the prisoners run themselves.) Dr. Lopes complained that when he asked the head warder whether a volume of Shakespeare could be added to the prison library he was told that the chief warder had never heard of Shakespeare. Although in Peniche the prisoners are allowed to take exercise in a yard which gets the full sun they are not allowed to play games as they are in the ordinary civil prisons.

Dr. Lopes is not an attractive personality, but this may be because he is so bitter. It took me some time to convince him that I was not some international policeman and even when he finally accepted my identity he was extremely evasive but from my own experience of a very large number of war

6

crime trials in Germany I came to the conclusion that his evidence about the alleged ' statue ' ill-treatment should be treated with great reservation. He was sentenced on July 23rd 1957 to 22 years major imprisonment. To be followed by detention under security measures of from six months to three years.

Having appealed, however, he remained under preventive detention pending the Appeal Court's decision. His appeal was dismissed and in consequence it was not until January 1958 that he began to serve his sentence. The latter was completed on the 27th July 1960 when the security measures came into operation.

I had an opportunity of discussing his case fully with the Minister of Justice and have no doubt that he received a fair trial.

LISBON PENITENTIARY.

Visited on 25th April.

This is the main prison in Portugal for ordinary prisoners serving sentences of more than three years' imprisonment. It is situated in the centre of Lisbon and is built on the well-known ' star ' system. Nevertheless, the building is in excellent condition and the cells very roomy and the prisoners are allowed to have their own ornaments and other belongings in the cells and there is a radio set in each cell and a radio-room run by the prisoners themselves from which they send out their own programmes and records as well as relaying the ordinary Portuguese programmes. Outside many of the cells the prisoners have their own canaries in cages. They have two hours exercise a day and also play games. While I was there there was a basket ball game in progress. I visited all the workshops where they make, *not mail bags*, but furniture, cardboard boxes, taps and other plumbing requisites, and do chromium plating. There is also a large printing press complete with lithograph and typograph machines in which books and government pamphlets are printed and bound.

I had an opportunity of seeing nearly all the prisoners and speaking to anybody to whom I wanted and was left with a very favourable impression.

CAXIAS PRISON—NORTH AND SOUTH.

I visited both these prisons on the 25th April in company with an Inspector from P.I.D.E. I was first shown the North Prison, which is at present empty as it is being thoroughly renovated and modernised. Nevertheless, I inspected the

7

rooms in which the political prisoners will be housed when this prison is ready. Each of these rooms are about 35 feet by 25 feet and each room has a very large window which lets in the sun. A number of these rooms have a dining room leading off them. There is an adequate medical inspection room, a good visitors' room with partitions and a modern cookhouse is to be installed. The washing and lavatory accommodation is more than adequate and includes a few baths as well as wash basins.

While these renovations are being carried out a number of prisoners, who were formerly housed there, are now being housed in Caxias South which is, therefore, overcrowded, and there are about eighteen men in each room instead of only ten. The result is that instead of sleeping in ten beds, five on each side of the room, they sleep in bunks built in two tiers. In this prison, as in all the other prisons, the prisoners are allowed to have extra food and drink (non-alcoholic), which they can either purchase themselves from the prison stores or which are brought to them from time to time by visiting relatives. There are a number of women political prisoners in Caxias South but there are not more than ten in any room and they have proper beds with clean sheets, etc. The general condition of this prison is inferior to that of Peniche, and this is freely admitted by the prison authorities, but nothing has been done to make improvements because as soon as the renovation of Caxias North is completed Caxias South is to be closed. The conditions in which these prisoners are kept at the present moment cannot, however, be described as poor, and they will, by November, be excellent.

I spoke privately to Dr. Julieta Gandra, a well-known physician from Luanda in Angola who was sentenced at her trial to one year's imprisonment to be followed by ' securiy measures '. According to Mr. Vincent's article she appealed against her conviction but the appeal was disallowed and her sentence was increased to one of four years. She told me that she was not allowed to be present at her second trial. The legal position is that if her appeal was purely on a point of law she would not have been allowed to appear.

In Mr. Vincent's article it is stated that Dr Gandra is now in Caxias Fortress suffering from a serious liver disease, that she is in continual pain and denied any proper medical care. I ascertained from the P.I.D.E. inspector that prisoners are allowed to see a specialist of their own choice should they wish to do so and I asked her why she had not seen a specialist having regard to the fact that she, a physician, believed that she is suffering from a gastric ulcer. She told me that she

8

would like to see Dr. Edmundo Lima Bastos but that anyone wishing to see a doctor of his or her choice would have to pay the doctor's expenses and expenses for radiology, etc. and that there were other women prisoners with her who could not afford this and she was not, therefore, willing to enjoy a privilege which was denied to them. She gave me the names of three other prisoners who, she said, needed specialist treatment. Albina Fernandez, in need of a gynaecologist, Natalia Martins, in need of an endocrinologist and Aida Paula, in need of psychiatric treatment. I made enquiries and confirmed that Albina Fernandez saw a specialist on the 23rd April and Natalia Martins also saw a specialist about a month ago.

There are about eighteen women political prisoners in Caxias. Fifteen are political prisoners including Dr. Julieta Gandra, who are awaiting trial and three others, from Angola, who were suspected of being concerned with the terrorist movement in Angola but who are shortly to be released. In addition to a dormitory of about 35 feet by 25 feet the women also have a living room of the same dimensions leading from the dormitory. Both these rooms have a large window, dimensions 4 feet by 6 feet which let in plenty of sun during the morning and light all day and a view of the sea can be seen from each window. Like the political prisoners in Peniche both male and female prisoners in Caxias are allowed to have extra rations which they can buy in the prison or which are brought by visitors. While I was in this prison about 12.15 p.m. a bus full of visitors arrived and all had large baskets full of food including cheese, fruit, vegetables and cereals.

I also visited the men's dormitories, in some cases they also have living rooms adjoining and when Caxias North has been renovated there will be a living room to each dormitory. In one of them I spoke to Fr. Joaquim Pinto de Andrade. On the 9th February, 1963 in an article entitled FOSTERING AN APOSTOLIC LAITY IN ANGOLA it was stated that, according to the Leopoldville news agency DIA the condition of Fr. Andrade's health was causing grave concern. The article went on to state that " the worst must be feared, above all when one knows that the P.I.D.E. have practised even worse measures than usual on Fr. Andrade. His cell is so narrow that it is impossible to move . . . his bed is dirty and full of fleas and bed bugs . . . Fr. Andrade is suffering from a liver complaint. They have taken away his spectacles, watch, books and suitcase, there is nothing he can do all day in that dark cell either for his soul or for his body". This statement was undoubtedly written to describe the conditions in which Fr. Andrade lived in the P.I.D.E. prison of Aljube before he was moved to Caxias where I saw him. He repeated most of the story and doubtless some of it is true. He is, however, now in good health, and his description of the cell in which he was incarcerated is grossly exaggerated (see page 15). It is not without significance that on the very day on which I myself talked with Fr. Andrade, 25th April, Radio Moscow in a broadcast about the Portuguese political prisoners stated that he was gravely ill. As far as I could observe, and from what he himself told me, this was a complete fabrication.

Fr. Andrade is still awaiting trial but he now appears to be in perfectly good health and informed me that he was so. He was wearing his spectacles and his watch has been given back to him. He was well dressed and, when I entered the room and before he knew who I was, was sitting near the window reading a book.

I have inspected Fr. Andrade's dossier and an satisfied that he was an active member of the MPLA (Movimento Popular de Libertaçao de Angola). He is the brother of Mario Coelho Pinto de Andrade who was an active and dangerous member of the Portuguese Communist Party's Youth Movement (commonly known as M.U.D. Juvenil), and who has taken part in various international communist conferences all over the world and as recently as 27th September 1962 took part in a Communist conference in Leopoldville. It is in this part of the Congo that large numbers of the Banongo tribe are trained in terrorist tactics before being sent to Northern Angola to take part in terrorist activities.

All the other male prisoners whom I saw in Caxias South appeared to be in perfect physical condition and both before I entered their room and while I was talking to some of them others were quietly reading, engaged in handicraft work of their own, or sitting in small groups chatting to each other. Although I spoke to nearly all of them none of them had any complaints to make about their treatment or accommodation in Caxias.

ALJUBE PRISON, LISBON

Visited on 25th April.

This is a small, badly lit building opposite the Cathedral church of Lisbon. There were, on the day of my visit, thirty-nine political prisoners in custody awaiting trial there. For interrogation purposes they are taken to the P.I.D.E. Headquarters. There are thirteen small cells and the remaining twenty-six prisoners are kept in other rooms which could hold four beds without overcrowding, and on the top floor there are about twelve other rooms, larger and brighter, in one of which was an ex-Major of the Portuguese Air Force who was one of

10

the leaders of a revolt against the Government in Angola but who was arrested before it took place.

The whole atmosphere of this prison, except for the top floor, is one of gloom and despondency and the inmates look very different from their fellow prisoners in the other prisons.

Those who are confined in the tiny cells, when I saw them, looked rather like caged animals. I tried to speak to one of them, who was in cell 13, and he just stared back at me as though he had seen a ghost. There was a coloured youth from Angola in another cell, I think it was No. 16, to whom I spoke. In spite of the fact that my identity was explained to him he appeared to be terrified when I talked with him through an interpreter and he shook all over. Until we entered the cell it was pitch dark (this was while it was still broad daylight outside) and even when the light was switched on it was impossible to read.

He did, however, say that although the conditions in which he was confined were terrible he had not been physically maltreated. These thirteen cells are very small, there is only just room for a bed and about one foot of space between the bed and the wall. The prisoners in Aljube get no exercise at all, because there is nowhere they can be exercised, and there is no room for them to walk about in these cells. Nor are they allowed to read or have any other form of recreation. In some cases, for as long as 2–3 months, they are left alone in these dark dungeons, for that is what they really amount to, with nothing but their thoughts.

The P.I.D.E. Inspector who showed me round the prison told me that they were very ashamed of it and that as soon as Caxias North was ready Aljube would be used no more. *Nevertheless, in my opinion, the thirty-nine prisoners now in Aljube could, meanwhile, be temporarily housed in Caxias South without much difficulty. Failing that a wing of some other prison should be set aside for these political prisoners until the new accommodation is available.*

These narrow dark cells, however, are not as bad as the description given me by Fr. Andrade. He told me that he was confined for months in a narrow dark cell so small that he could not even raise his knees or get into a sitting position on the bed. This is quite untrue for although the cells are dark, narrow and cold they are twelve feet high. I inspected this prison from top to bottom, and every shut door was opened at my request. There are no such cells as were described to me by Andrade, and this was confirmed by José Bernardino another active Communist awaiting trial who made a drawing for me showing where the thirteen cells are situated.

11

In an article published in the *Observer* of 4th March, 1962, which was written by a Mr. Michael Moynihan, he quoted Mr. Neville Vincent, Q.C., a London barrister, as having said. " there must be at least 1,000 people jammed into Libson's two political prisons, Caxias and Aljube". I have no idea from whom Mr. Vincent got this information, but he was certainly gravely misinformed. There could never have been anything like that number and in fact the number in Caxias and Aljube at that time was 233. When I visited these two prisons on the 25th April this year there were 114 prisoners in Caxias and 39 in Aljube, a total of 153. The grand total of prisoners convicted by the Courts of committing crimes against the security of the State who are at present in custody is 353.

Prisoners questioned by me in Aljube Prison on 25th April.

José Bernardino, Miss Hart said in her report at the Conference, was an illustration of the human suffering imposed on those who dared to speak out. Bernardino, she said, was arrested last June and was subjected to two successive periods of ' statue ' torture, being forced to remain awake for nine and then seven days. His hearing, she said, is now seriously impaired, his health broken and he has not yet been brought to trial. The idea of this has doubtless sprung from the Stehzelle punishment which used to be inflicted on concentration camp inmates by their S.S. guards in Auschwitz and other camps during Hitler's war. Stehzelle is standing or kneeling for hours (and sometimes days) on end and confinement in a dark narrow cell which is specially designed for the purpose. I searched every nook and cranny in all the prisons and had every door opened which might conceivably be concealing something, but there was nowhere this punishment could have been carried out, though it is, of course, possible to keep a person standing to attention for a length of time though it would not be long before he fainted.

I had a long talk with Bernardino in the Aljube Prison in the Governor's office without anyone else being present. He had not been given, nor had any of the other prisoners been given, any information about my visit and he was, therefore, quite understandably suspicious particularly when I told him that I had been given every facility by the Portuguese Government to visit all prisons in which political prisoners are in custody awaiting trial, or serving their sentences, and to speak to any prisoner I cared to name. I had previously assured him that I was not Bertrand Russell and explained that I was not a policeman, not a member of Interpol, but an ordinary member of the House of Lords and a lawyer. Eventually, after showing

12

him my driving licence and a photograph of myself which happened to be in it, he was satisfied as to my identity and talked freely.

I had already been given particulars of Bernardino's dossier and he did not seek to dispute the fact that he was secretary of a number of student organisations which the Portuguese Government consider subversive and that he was, and remains even though he is now in prison, a leading official of the Portuguese Communist Party.

He repeated, in more or less the same terms, the allegations of brutality mentioned by Miss Hart. It is, perhaps, more than a coincidence that the only allegations which have been made to me personally of this form of Gestapo ill-treatment have been made by three prisoners who are without doubt leading members of the Communist Parties in Portugal and Angola. Except for a complaint made by one other prisoner that he was slapped on the face, no prisoner whom I have questioned, and I have talked with many of them without it being known in advance that I was going to do so, has complained of physical ill-treatment. For the reasons given in my report of my visit to P.I.D.E. headquarters in Lisbon I am satisfied that it would be physically impossible to carry out the ' statue ' punishment as alleged by Dr. Orlando Ramos and José Bernardino. Miss Judith Hart reported in December that when she visited Portugal last summer Bernardino's hearing was seriously impaired and his health broken. He has certainly made a remarkable recovery. His hearing is quite normal, his mind quick and perceptive and his health appears to be excellent. Furthermore when I asked him if his health was all right he said that it was.

He is, at present, awaiting his trial which is due to take place early in July. Meanwhile he is accommodated with two other prisoners, whose interrogations are also completed, in a room 20 feet by 20 feet. Each man has a bed and there are three chairs and a large table. Like all the other rooms in Aljube, however, they are very dark and rather airless. Bernardino told me that apart from the ' statue ' punishment during his interrogation he had not since been physically ill-treated.

THE SCHOOL PRISON AT LEIRIA

Visited on 26th April.

This establishment is the equivalent of one of our Borstal institutions. It is situated just outside the historic town of

13

Leiria in beautiful surroundings and all the prisoners are between eighteen and twenty-five years of age and must be serving a sentence of not less than six months.

Most of the work is agricultural and the prison has its own vineyards and makes excellent wine and eau-de-vie. The accommodation is above the average.

There is a special building in which a number of prisoners who are allowed to work outside are housed. They have very pleasant bedrooms, a good dining room and a recreation room and are not locked in. The windows of most of the bedrooms and the recreation room look out on to the open fields. All these young men are working in Leiria itself at trades which they either practiced before they came to prison or are now learning as apprentices. I saw them all and asked them what trades they were working at and they all looked extremely happy and well.

I asked the Governor what percentage of his prisoners returned to prison after serving a term in the school and he showed me the figures. The percentage was a very low one, under 6 per cent.

THE P.I.D.E. PRISON IN OPORTO

Visited on 27th April.

This is a very small prison under the control of P.I.D.E. where a small number of political prisoners are sometimes held during their interrogation period but most of this is done in the Aljube prison. The building in which the interrogations take place and the offices are situated was formerly a private house. It is quite large, well appointed, and extremely light. The whole of the first floor on which the rooms lead out from a parquet floored gallery is lit with a skylight. I inspected all the interrogation rooms which are well decorated, and have parquet floors and a table and two ordinary chairs. The chairs for the interrogator and the interrogated are exactly the same and the rooms are well lit and very bright.

The total number of prisoners in this prison at the present moment is thirty-six. Of these fourteen are not political prisoners at all but are Portuguese who had illegally immigrated into other foreign countries and have been returned to Portugal. If this is their first offence many of them will be bound over and the most severe sentence will be in the neightbourhood of one month. The remaining twenty-two are political prisoners, two of whom are awaiting trial and twenty under sentence. All these political prisoners are housed in large light rooms lit by both a skylight and a large window. All have beds and bed clothes. As soon as Caxias North has been completely renovated and is ready for occupation these prisoners will be transferred there as it is not usual to keep any prisoners in this prison except those awaiting trial or under interrogation. I spoke to a number of the prisoners and told them who I was but none of them had any complaints to make regarding their accommodation or treatment.

P.I.D.E. HEADQUARTERS, LISBON

Visited on 30th April.

Having been given all the facilities which I was promised and having visited all the prisons in which there are political prisoners either awaiting trial or serving their sentences and, in addition, having visited other ordinary civil prisons in order that I could compare the conditions under which ordinary prisoners live with those under which political prisoners live, I had a final talk with the Director of P.I.D.E. at his headquarters in company with Inspector Passo who had accompanied me on my visits to Caxias and Oporto.

I told the Director that I knew that I was the first foreigner ever to be allowed to inspect all these prisons and question any prisoner whom I wanted to question, and that after having given the matter full consideration I had only one serious criticism to make and that concerned the thirteen narrow dark cells at Aljube Prison where prisoners are held during their period of interrogation sometimes for several weeks. The Director said, as Inspector Passo had already told me, and the Minister for the Interior, whom I saw later the same day, also told me, that as soon as the renovations of Caxias North were completed nearly all the prisoners would be moved from Aljube to Caxias and that those who remained would only be kept there at the most for a few days whilst being interrogated at P.I.D.E. headquarters. When I spoke to the Minister for the Interior that same evening I mentioned this to him also and, when he gave me the same answer, I said that I hoped that the few prisoners who would remain in Aljube during their period of interrogation would no longer be kept in those cells. I told him that I quite understood that during interrogation it was not feasible to allow prisoners who had just been interrogated and those who were about to be interrogated to mix, but I asked him, when only a few prisoners have to be kept in Aljube it should surely be possible for the small cells to be closed completely and all the prisoners confined in the much larger single rooms

15

on the top floor, where the ex-Major of the Portuguese Air Force was detained. If there were not enough rooms on the top floor to accommodate all those awaiting or undergoing interrogation it should be quite possible to construct at least a dozen more cells on the floor below and this would then allow for twenty-four prisoners. That would be ample as there are only about five interrogation rooms in the P.I.D.E. headquarters.

I inspected the P.I.D.E. headquarters from top to bottom. I visited all the interrogation rooms and they are plain rooms about 8 feet by 12 feet large, with a desk and two chairs. Each room has a very large window which lets in plenty of light and air. I saw several prisoners being interrogated and I talked to each one, having first of all asked the interrogator to leave the room. They all looked in excellent health and spoke to me quite freely. None of them are really serious offenders and it is almost certain that they will be released after interrogation. One of the prisoners being questioned was the young coloured man from Angola whom I had seen five days earlier in one of the dark cells in Aljube. He was, until his arrest about a fortnight ago, a student at Coimbra University reading law. As I wrote in my report on my visit to Aljube, on that occasion he looked extremely frightened and was shaking all over. When I saw him at P.I.D.E. headquarters, and he seemed very surprised to see me again, he was an entirely different man. He had apparently realised that if he told the truth he would not be sent to trial as he had not really been implicated in any subversive activities and I was told that before the week is over he will be released and returned to the University. These rooms in which the interrogations are carried out are the same rooms that were described by Mr. Neville Vincent, in an article entitled THE SHAME OF PORTUGAL, published in the *Spectator* on 13th April, 1962, as those in which people " practically out of their minds are put in a room with yellow walls painted blue round the top. They think the blue represents the outside world and take crazy running jumps at the walls with terrible consequences." It is true that these rooms were previously painted as Mr. Vincent states. The walls were yellow, as they still are, and the ceiling was painted blue. Anyone who knows the South of France must have seen, in many old period houses, rooms decorated in exactly the same way. Having myself seen the interrogation rooms in the P.I.D.E. H.Q. I find it difficult to believe that the prisoners who entered them, when they were painted blue and yellow, can have behaved in the way described by Mr. Vincent's informant.

LISBON,

2nd May, 1963.

16

ÍNDICE

Apêndice